Gedanken über den Sinn des Lebens

Der Sinn des Lebens für eine bessere Welt ...

und eine bessere Welt für und mit mehr Sinn!

von Gibril Wilfson

Bibliografische Information der Deutschen Nationalbibliothek: Die
Deutsche Nationalbibliothek verzeichnet diese Publikation in der
Deutschen Nationalbibliografie; detaillierte bibliografische Daten
sind im Internet über dnb.dnb.de abrufbar.

Herstellung und Verlag: BoD – Books on Demand, Nordestedt

ISBN: 978-3-7543-2304-5

* Teile des Buchinhaltes sind eher theoretisch philosophischer
Natur und begründen nicht auf aktuellen, wissenschaftlichen
Erkenntnissen. Es obliegt dem Leser selbst, sich über den
aktuellen Stand wissenschaftlicher Erkenntnisse zu informieren.

Kapitel	Seite

Einleitung...........4

Glaubensfragen...........9

Nahtoderlebnisse...........12

Bewusstsein, Geist und Seele...........32

Unterschiede zwischen Gehirn und Computer...........37

Künstliche Intelligenz...........41

Instinkt...........46

Psyche...........51

Gefühle...........55

Profitgier, Habgier...........56

Machtstreben...........58

Rassismus...........60

Unser Hang zu Fanatismus und Extremismus...........62

Vorurteile und Aberglauben...........65

Werteempfindung, Glück, Zufriedenheit, Erfüllung...........66

Zusammenfassung Ich...........69

Moral...........71

Physiologie von Gott...........73

Bewusstseinsdualität?...........80

Spiritualität...........81

Der Sinn des Lebens...........84

Einleitung

Ist das Leben lebenswert ohne Sinn?

Richi, ein Freund eines Freundes, ist felsenfest davon überzeugt, dass Verschwendung die grösste aller Sünden sei. Er lässt keine Party aus, konsumiert Drogen und versucht bei jeder Frau sein Glück. Mit seiner Einstellung hat er es auch beruflich weit gebracht, er geniesst Ansehen und hat viele Bewunderer. Aber eines kann er nicht so gut; mit sich allein sein und Stille aushalten. Er erträgt es nicht, wenn bei ihm Sinnfragen auftauchen.

Ohne Sinn verliert das Leben an Wert und Bedeutung. Der alleinige Zweck zu leben, um Leben an die nächste Generation weiterzugeben, ist der Lauf des Lebens. Aber für ein Lebewesen mit Bewusstsein reicht das nicht. Ein intelligentes Wesen ergründet, es will wissen wie, was und woher. Es ist fähig, anders als nicht intelligente Lebewesen, selbst Unwissen zu erkennen und Fragen zu formulieren. Der Mensch konnte bis heute viele Fragen mit Wissen füllen, aber bei der Frage nach dem Sinn des Lebens, vielleicht die wichtigste unserer Fragen, tappen wir eigentlich immer noch im Dunkeln.

Zu versuchen, so zu leben, dass man im Sterbebett sagen kann, möglichst gut gelebt und nichts verpasst zu haben, schmeichelt höchstens dem eigenen Ego. Aber wäre es nicht traurig, wenn dies allein der Sinn des Lebens wäre? Zudem funktioniert der alleinige Zweck, ein möglichst gutes Leben gelebt zu haben, nur mit einer riesigen Portion Egoismus. Das heisst oft zum Nachteil der anderen. Klar, es gibt Ausnahmen. Nicht jeder solche Weg verursacht Schaden, aber wenn alle egoistisch diesem eigenen Lebenssinn nachgehen, geht es mit Sicherheit jedem Einzelnen schlechter.

Selbstzweck als Sinn ist für uns unbefriedigend. Die Natur ist voll von diesem Selbstzweck. Trotz aller Bewunderung und Schönheit, alles, was wir an Artenvielfalt sehen, hat seine Spezialisierung, Ausprägungen und sogar Schönheit nur mit dem Zweck erhalten, das Leben oder seine eigene Art zu schützen. Ein Lebewesen mit Selbstbewusstsein fragt aber sogar bei sich selbst nach dem Sinn und Zweck des Seins.

Wir Menschen meinen, wenn wir von Sinn reden, nicht den eigentlichen Zweck, sondern einen höheren Sinn, einen Wertgehalt. Sinn soll demnach etwas Erstrebenswertes, Wertvolles sein und im Grunde einer höheren Ordnung entspringen. Ein anderes Wort für Sinn ist ja auch Bedeutung und ein anderes Wort für Bedeutung ist Wichtigkeit. Etwas von Wichtigkeit stellt einen Wert dar. Einen Sinn im Leben zu suchen, heisst unserem Leben einen Wert geben zu wollen.

Weshalb suchen wir nach diesem Wert oder Sinn? Sollte es genügen zu leben? Vergeuden wir nur Zeit und Aufwand mit der Suche nach einem Phantom, nach dem bereits seit es den Menschen gibt gesucht wird, und wirklich befriedigende Antworten trotzdem ausblieben?

Wie muss das früher bei den ersten Menschen gewesen sein? Mit dem menschlichen Bewusstwerden über das Bewusstsein entstand doch eine ganz neue Sicht auf die Welt. Die

Komplexität des Universums, des Lebens und der Naturgesetze brachte bereits frühen Zivilisationen die Erkenntnis: Wenn wir Menschen auf der Erde die Intelligenz verkörpern und es uns trotzdem nur ansatzweise gelingt, das ‹Wie› und ‹Wieso› zu verstehen, woher kommt dann alles, das nicht von uns erschaffen wurde und was muss es da sonst noch geben? Um Antworten darauf zu finden, erforschten unsere Vorfahren die Welt. Man beobachtete und versuchte das Beobachtete zu verstehen. Im besten Fall führte dies zu Theorien und vielleicht sogar zu Überzeugungen. War das Geschehen hingegen uneinsichtig und bot keine erkennbare Ordnung, musste es vom Willen intelligenterer und mächtigerer Wesen stammen. Diese nannte man Götter. Es entstanden Religionen mit grossem Einfluss, die das gesamte Unwissen einer religiösen Ordnung zuschrieben.

Die zwei Ansätze Wissen oder Götter standen seit Beginn im Konkurrenzkampf. Die Zeit aber arbeitet für die Wissenschaft, denn jedes Wissen minderte das Unwissen und die Erklärungen der Religionen. Heute ist es fast egal, welcher Religion man angehört, man empfindet in unserer modernen Welt immer ein Stückchen Altertum beim Thema Religion. Der aufgeklärte Mensch neigt dazu, Religionen als unvollständig und veraltet zu betrachten. Zwar ist das nicht wirklich besser, aber heute überzeugen eher spirituelle Alternativen. Sie sind meist einigermassen glaubhaft vermittelbar und passen einfach besser ins heutige Leben. Manche Menschen nehmen aus verschiedenen Religionen die für sie passenden Teile heraus und setzen sie individuell für sich zusammen. Dann noch oder eben daraus, die Sekten mit ihren vielen Anhängern. Der Unterschied zwischen Religion und Sekte liegt wohl eher darin, ob eine Sekte etabliert und akzeptiert ist.

Interessant ist zu beobachten, dass mit einem Verlust der Glaubhaftigkeit einer Religion immer eine Leere entsteht. Eine Religion aufzugeben aus der Überzeugung, dass deren Unstimmigkeit überwiegt, führt nur selten zum Atheismus. An nichts zu glauben erfüllt und überzeugt einen auch nicht. Was durch einen Sinn und Zweck eines höheren Wertes gefüllt war und zusätzlich noch die grosse Verlockung beinhaltete, den eigenen Tod überwinden zu können, wird vermisst.

Was können wir tun? Wir möchten unser Leben nicht vergeuden, schon gar nicht, wenn es nach diesem Leben eine spirituell höhere oder wichtigere Stufe geben könnte… Nun gut, untersuchen wir zusammen den Sinn des Lebens! Betrachten wir fast wissenschaftlich Gott, ein Leben nach dem Tod und den Sinn des Lebens. Versuchen wir zumindest theoretisch und stimmig mit unserem Wissen und einer kritischen Betrachtungsweise Antworten zu finden.

Die Frage nach dem Sinn des Lebens führt uns unweigerlich an das wichtigste Thema, ob es eine Art Leben nach dem Tod geben kann. Analysieren wir, was Gott ist, ob es so etwas wie Gott gibt und wenn, wieso es ihn geben soll.

Sollten wir danach die Möglichkeit eines Lebens nach dem Tod zumindest nicht ausschliessen können, dann können wir den Sinn des Lebens aus genau dieser Perspektive heraus betrachten. Danach werden wir die Rolle des Lebens selbst bei dem Sinn suchen, im Kontext: Wieso überhaupt Leben, um einen Sinn zu erfüllen?

Auch eine «bessere Welt» ist eine sinnvollere Welt und unterstützt den Sinn des Lebens. Betrachten wir den Sinn nicht nur für uns selbst, sondern für die gesamte Menschheit. Wir werden überlegen, was eine Welt besser machen würde und weshalb uns das offensichtlich Schwierigkeiten bereitet.

Schlüsselthema bei Überlegungen und Analysen um ein mögliches «Jenseits» sind Nahtoderlebnisse. Es sind die einzig modernen und nun einigermassen erforschten Einblicke in diese verborgene Welt von Geistern und Seelen, zu denen wir nach unserem Tod gehören sollen. Dies müssen wir aber ohne jeglichen religiösen Einfluss anschauen und deren Glaubhaftigkeit überprüfen. Wir untersuchen auch die von Kritikern angebrachten Zweifel und Alternativerklärungen.

Im Idealfall lässt sich ein Gesamtbild wie bei einem Puzzle aus bereits bekannten Stückchen und neuen Erkenntnissen zusammenfügen. Meiner Erfahrung nach lässt sich Echtheit, Wahrheit und auf dem richtigen Weg zu sein, gut daran erkennen, dass sich neue Erkenntnisse gut ins Puzzlebild einbinden lassen und nicht nur neue Fragen aufwerfen.

Wir vergleichen das menschliche Gehirn mit dem Computer und befassen uns mit Künstlicher Intelligenz, um uns selbst besser zu erkennen. Machen uns Gedanken über unsere Gefühle und das Wesen des Universums, um das Leben und seinen Stellenwert zu ergründen. Wenn wir erkennen, was wir wieso sind, kommen wir den Antworten näher, weshalb wir sind.

Glaubensfragen

Die Sinnsuche ist tief verwurzelt in Spiritualität und Religion.

Wie fast alle wurde auch ich in eine Religion hineingeboren. Als Kind zweifelte ich nicht an den Überzeugungen meiner Eltern und einer ganzen Gesellschaft. Doch fragte ich mich, weshalb so viele Menschen überzeugt sind von einer anderen Religion. Was war denn an meiner Religion wahrer oder richtiger? Meine Religion wie die meisten, die mit einem ganz besonderen Menschen anfängt, über deren Leben Generationen von Geschichtenerzählern berichtet haben, bis irgendwann diese Geschichte aufgeschrieben wurde. Wir wissen alle, dass da vieles vergessen und dazu gedichtet wurde. Danach wurde jedes Wort dieses Buches auf die Goldwaage gelegt, da es Gottes Wille war, dieses Buch Wort für Wort genau so zu schreiben. Mir jedenfalls war die Frage nach einem Sinn zu wichtig, um Zweifel auszublenden. Ich wuchs vom Kind zum Mann heran und gleichzeitig, indem ich manche übernommenen Überzeugungen und Ansichten hinterfragte und ablegte. Ich wollte meinen Gedanken genug Freiraum lassen, um erkennbare Wahrheit zu finden. Der wichtigsten Frage, der nach dem Leben nach dem Tod, wollte ich nicht mit einer alten Überlieferung begegnen.

Wissen ist aber nicht beständig und unveränderbar. Es kommen stets neue Gedanken und neue Informationen dazu. Wer denkt zu wissen, der glaubt. Idealerweise lernt und wächst man bei jedem Teilgebiet weiter, bis man zumindest den skeptischen Nörgler in sich überzeugt hat, ein Stück Wahrheit gefunden zu haben.

Viele Jahre stand mir ein überdimensionales Hindernis im Weg, das wie ein Nebel meine Suche behinderte. Es brachte mich beinahe dazu, der eher wissenschaftlichen Logik den Vorrang zu geben, ohne Beweise nicht davon ausgehen zu können, dass nach dem Tod noch irgendetwas übrig bleiben kann. Das Hindernis war die simple, aber nicht zu unterschätzende Tatsache, dass jeder Mensch in seinem Innersten an ein Jenseits glauben WILL. Aus verschiedenen Gründen will der Mensch an seine Unsterblichkeit glauben. Aus Furcht vor einem Tod mit einem Nichts. Weil eine gewisse Führung und ein Weg zu erkennen bequemer ist. Weil man sonst der Vergessenheit ausgeliefert ist oder eben genau, weil das Leben sonst weniger Sinn beinhaltet, weniger Wert darstellt. Anders gesagt: Wenn es dem Menschen ein Bedürfnis ist, einen Gott zu haben, findet er bestimmt einen! Diese Tatsache liess mich fast verzweifeln.

Nun suche ich nicht in einem bestimmten Glauben nach der Wahrheit. Alle Glaubensausrichtungen halte ich für zu stark von Menschen beeinflusst. Trotzdem sehe auch, dass fast jeder Glaube ein wertvoller roter Faden für den Menschen darstellt. Welchen Glauben man dabei hat, ist meiner Meinung nach nicht von grosser Bedeutung. Die wichtigste Frage für jeden spirituell interessierten Menschen und jede Religion ist. Gibt es ein Leben nach dem Tod?

Beweise für einen Gott oder das Leben nach dem Tod gibt es anscheinend viele. Jede Religion erzählt von Wundern, Erscheinungen und Gotteszeichen. Jedoch basieren sie auf Erzählungen und Geschichten. Es sind keine wissenschaftlich fundierten Tatsachen und der Zuhörer kann den Wahrheitsgehalt nicht überprüfen.

Der Einfluss auf Menschen durch eine Religion ist sehr gross, und je etablierter die Religion ist, umso mehr steigt eine blinde Hörigkeit der Gläubigen. Etwas Misstrauen kann nicht schaden. «Das Beste, was der Teufel je erfunden hat, ist der Glaube, dass es ihn nicht gibt.» Den Spruch kennt jeder. Ich halte den Teufel für eine menschliche Ausrede, vielleicht hat er mich also erfolgreich getäuscht. Den Spruch finde ich aber noch viel besser: «Des Teufels bestes Werk ist bedingungslosen Glauben an Gott zu fordern, ohne zweifeln zu dürfen.» Tatsächlich wird das in vielen Glaubensrichtungen direkt oder indirekt gefordert. Wehe den Abtrünnigen, den Andersgläubigen oder den Nichtgläubigen. Zweifel oder Kritik zu wagen, wird oft als Akt des Gottesverrates erachtet. Durch bedingungslosen Glauben und Hörigkeit ist es möglich, dass Religionen als Ursprung von Gewalt benutzt werden. Jeder gläubige Mensch sollte bei diesem Punkt für seinen Gott und das Gute zweifeln und kritisch sein gegenüber jeder Interpretation von Gottes Willen. Wenn das Zweifeln weniger Leid und Elend bedeutet, geschieht es zweifellos in Gottes Namen.

Um einen höheren Sinn im Leben finden zu können, werden wir religiöse Ansätze unbeachtet lassen. Wenn also von Gott, Seele/Geist sowie Jenseits die Rede ist, dann hat das keinen Bezug auf eine Religion. Lassen wir alles offen!

Nahtoderlebnisse

Nichts verändert die Sicht auf den Sinn des Lebens bedeutender als die Ausgangslage, dass es für uns noch mehr gibt als unser kurzes Leben. Alle Religionen prophezeien etwas Wichtigeres oder Höheres, dass uns noch verborgen ist. Nahtoderlebnisse sind Erlebnisse, die manche Menschen nach dem eigenen Tod und einer geglückten Reanimation berichten. Sie sind individuell verschieden, aber manche Teile von Erlebnissen häufen sich. Diese werden wir untersuchen:

* Tunnel mit Licht am Ausgang;

* sehr starke Gefühle wie Liebe, geliebt werden, Entspanntheit, Sorglosigkeit, innere Ruhe, Unbeschwertheit und andere;

* den Körper verlassen;

* das eigene Leben betrachten;

* Begegnung mit Verstorbenen;

* Zeitlosigkeit;

* Bewusstwerden des eigenen Todes;

* eine Lichtgestalt;

* Bewertung des eigenen Lebens und

* Rückführung ins Leben.

Wir leben in einem neuen Zeitalter, wenn es um Nahtoderlebnisse geht. Durch die heutigen Möglichkeiten von Reanimation in der modernen Medizin häufen sich Berichte solcher Phänomene in einer Weise, die Forschungsstudien ermöglicht. Krönung dieser Forschung wäre der Beweis einer ausserkörperlichen Erfahrung. Da liegt die Reibestelle zwischen Befürwortern und Skeptikern. Dieser Beweis würde eine Pforte öffnen, wäre eine wissenschaftliche Sensation und würde manche Denkweise verändern. Eine ausserkörperliche Erfahrung würde beweisen, dass nicht alles aus dem sterbenden Gehirn entspringt.

Gehen wir einmal davon aus, dass es ein Jenseits und einen Gott gibt mit all seiner Macht und seinen Möglichkeiten. Weshalb hat Gott uns nicht längst einen Beweis gegönnt? Wäre es nicht einfacher, ohne Zweifel von ihm Kenntnis zu haben? Diese Frage ist wichtig, weil die Antwort etwas über den Sinn aussagen könnte. Möglicherweise würden wir unser Leben mit der absoluten Gewissheit über Gott etwas anders gestalten. Wäre das aber vielleicht ein Konflikt im Sinn des Lebens? Würden wir heute mit Gottes Segen unseren Beweis bekommen, müssten wir uns auch fragen, weshalb jetzt? Weshalb erst nach ein paar Tausend Jahren oft erschreckender Menschheitsgeschichte? Haben wir eine derart falsche Vorstellung vom Jenseits und von Gott?

In unserer Vorstellung über Gott müssten wir zur Schlussfolgerung kommen, dass entweder Gott selbst uns keinen Beweis zeigen kann oder er es nicht möchte. Er könnte ja selbst an gewisse Einschränkungen gebunden und gar nicht so allmächtig sein oder aber Gott vermeidet es aus einem anderen Grund, den Beweis zu geben. Dann werden wir wohl auch in Zukunft keinen Beweis finden. Eine bewiesene ausserkörperliche Erfahrung würde übrigens nicht die Existenz Gottes beweisen, sondern nur, dass es nach dem Tod noch etwas geben muss.

Gestehen wir uns erst einmal zu, dass unser beschränktes Wissen über das Jenseits und Gott uns zu den übernommenen Sichtweisen und Annahmen verleitet. Wir orientieren uns normalerweise für Erklärungsversuche an religiösen Vorstellungen. Aber allein die Tatsache, dass viele verschiedene Religionen unterschiedliche Vorstellungen haben, zeigt die Aussichtslosigkeit dieser Wahrheitsfindung. Gehen wir aber davon aus, nichts über Gott und das Jenseits zu wissen, eröffnen sich vielleicht neue Möglichkeiten. Beachten wir zusammen einmal völlig unvoreingenommen vorliegende Indizien, um uns neuen Ideen zu öffnen.

Die Grenze zwischen unserem Diesseits und einem möglichen Jenseits kann nicht überschritten werden. Mit einer Ausnahme. Nahtoderlebnisse könnten eine kurze Grenzüberschreitung darstellen. Untersuchungen und Bücher über Nahtoderlebnisse gibt es bereits manche. Sie sind leider oft polarisiert geschrieben, um die eigenen Vorstellungen zu bestätigen. Wir werden einen neuen Ansatz versuchen. Obwohl wir leider «noch» nicht auf wissenschaftlichen Beweisen aufbauen können, gibt es noch eine weitere Vorgehensweise. Die Nahtoderlebnisse wurden bisher noch nicht nach rein mathematischer Wahrscheinlichkeit untersucht. Beispielsweise besagt das zehntausendfache Würfeln, dass die Treffer-Abweichungen der sechs Zahlen gering sein müssen. Die Häufigkeit des Würfelns minimiert diese Abweichung. Dies stimmt so, wenn man weitere Einflussfaktoren ausschliessen kann. Würde eine Zahl auffallend häufiger gewürfelt werden, wäre das ein Indiz dafür, dass die Gewichtsverteilung des Würfels nicht einheitlich ist oder die Proportionen nicht stimmen. Es würde sogar auf diesem Weg beweisen und nicht nur ein Indiz sein, dass mit dem Würfel etwas nicht stimmt. Nach dieser Vorgehensweise werden wir häufig auftretende Phänomene bei Nahtoderlebnissen untersuchen. Ergebnisse werten wir nur, wenn andere Erklärungen auszuschliessen sind. Schaffen wir das nicht, ist das Phänomen nicht aussagekräftig und kann nicht beachtet werden. So wie zum Beispiel das Phänomen des Tunnels mit hellem Licht. Ein zu ähnliches Erlebnis erhält man durch Sauerstoffmangel im Gehirn mit dem eigenen Begriff «Tunnelblick». Alternative Erklärungsversuche gibt es bereits viele von Kritikern und Zweiflern. Diese werden wir ernst nehmen und gesondert betrachten.

In einer breit angelegten Forschungsstudie namens AWARE wurden über vier Jahre bis 2014 an 2060 Personen Phänomene bei reanimierten Patienten untersucht und gruppiert. Ein interessantes Teilgebiet war das Verstecken von Bildern in Operationsräumen, die der Sterbende zuvor nicht sehen konnte. Damit verfolgte man das Ziel zu untersuchen, ob das Phänomen oder eben nur der Eindruck davon, aus dem Körper zu treten und im Raum an der Decke zu schweben, sich beweisen liesse. Und zwar dadurch, ob die Wiederbelebten das Bild danach beschreiben konnten oder nicht. Durch die zu seltenen Fälle, die in diesen wenigen Räumen und der untersuchten Zeit Nahtoderfahrungen hatten, sind die Beweise bis heute leider ausgeblieben. Dies ist weder in der einen noch in der anderen Weise aussagekräftig.

Analysieren wir nun häufige Phänomene, angefangen mit denjenigen, die man kritisch betrachten sollte:

* Tunnel mit Licht am anderen Ende ...

Wie bereits erwähnt, ist dies eine häufige Beschreibung. Manche Betroffene verbanden die Erfahrung damit, aus dem Körper herauszutreten. Viele verbanden das Licht mit starken, positiven Gefühlen oder sahen darin sogar Gott selbst. Durch Blutmangel im Gehirn kann aber ein zu ähnlicher Effekt auftreten, der Tunnelblick. Da bei Herzstillstand auch Blutmangel im Gehirn entsteht, könnte das Erlebte durch dieses natürliche Symptom zumindest verzerrt werden, weshalb wir das nicht weiter untersuchen sollten.

* Sehr starke Gefühle wie Liebe, geliebt werden, Entspanntheit, Sorglosigkeit, innere Ruhe, Unbeschwertheit usw.

Entgegen der eigentlichen Vermutung und des Schreckens des Todes beschreiben fast alle solche positiven Gefühle bei den gesamten Erlebnissen. Die Gegenargumente gegen eine spirituelle Bedeutung lauten, dass das sterbende Gehirn selbst einen Trommelwirbel aus Gefühlen auslöst beim Sterben, die entweder als natürliche, schreckmildernde Funktion vom Gehirn gesteuert oder aber auch als Folge oder Reaktion des sterbenden Gehirns zu verstehen ist. Dies ist eine Begründung, die wir nicht ausschliessen können, aber später kommen wir noch einmal darauf zurück.

* Den Körper verlassen haben ...

Untersuchungen der eigenen Körperwahrnehmung konnten zeigen, dass vergleichbare Sinnestäuschungen hervorgerufen werden können. Durch Drogen oder elektrische Stimulation bestimmter Hirnregionen kann die eigene Sinneswahrnehmung für unser Körper/Raum-Gefühl beeinflusst werden. Dies führt zu einem Empfinden von Leichtigkeit, des Schwebens und davon, nicht mehr im Körper zu sein. Da solche Erlebnisse durch normale Prozesse des Sterbens, insbesondere durch das Ausschütten körpereigener Opiate verzerrt werden könnten, verliert dieser Teil der Nahtoderlebnisse leider seine Aussagkraft.

* Das eigene Leben betrachten ...

In einem kurz scheinenden Moment sieht man die wichtigen Punkte des eigenen Lebens wie in einem Film ablaufen. So erstaunlich dieses Phänomen ist, zumindest ein ähnliches Erlebnis kann auch durch Drogen, Hirnstimulation oder bei unmittelbarer Todessituation ausgelöst werden. Dieses Erlebnis tritt allerdings meist einzeln auf, ohne weitere Teile von Nahtoderlebnissen und falls doch, dann nur kombiniert mit dem Gefühl der Körperlosigkeit, die selbst auch stimuliert oder mit Drogen herbeigeführt werden kann.

Es gibt viele Berichte von tragischen Situationen, bei denen vom Betroffenen instinktiv vermutet wurde, die Situation nicht zu überleben. In solchen Momenten kann man die Rückschau erleben, selbst wenn keine reale Todesgefahr vorhanden war.

Es ist erstaunlich und interessant, dass die eigene Einschätzung, die Situation nicht überleben zu können, denselben Teil von Nahtoderlebnissen auslösen kann wie bei einem «echt» Sterbenden. Genauso kann man diese Erlebnisse haben, obwohl das Bewusstsein durch natürliche oder künstliche Ohnmacht ausgeblendet ist, aber ein Herzstillstand erfolgt, also den eigentlichen Moment seines Sterbens und die Reanimation nicht bewusst wahrnehmen konnte. Von daher müsste man vermuten, dass dieses Phänomen keinem übernatürlichen Ursprung zuzuschreiben ist, denn weshalb sollte aus einer spirituellen

Ordnung heraus ein Prozess eingeleitet werden, wenn der Tod sogar nur fälschlicherweise angenommen wird. Ein Erklärungsversuch ist auch, dass man sich nur mit dem eigenen Leben befasst, weil man davon ausgeht, gleich zu sterben, weswegen eine derartige Lebensrückschau vom Unbewussten hervorgebracht wird. Bei einem Unfall könnte das ja stimmen, jedoch bei Drogen oder Elektrostimuli nicht.

Auch die Detailliertheit und Realitätsbezogenheit der Erinnerungen sind erstaunlich. Es gibt keine vergleichbaren Erinnerungserlebnisse. Im Wachzustand verblassen Erinnerungen mit der Zeit. Wir vergessen vieles, was weit zurückliegt, das kennen wir alle. Träume können erstaunlich kreativ sein und Erinnerungen in Träume einbinden, aber sie zeigen nie eine wahrheitsgetreue und detaillierte Wiederholung eines realen Erlebnisses. Im Sterbemoment können wir trotz aller ablenkenden Ereignisse einen tiefen Zugang zu unseren Erinnerungen erhalten, den man sonst nur aus der Hypnose kennt. Ob diese Erinnerungen unverfälscht die früheren Ereignisse widerspiegeln oder wie sonst üblich mit der Zeit eine eigene, leicht verfälschte Dynamik besitzen, wäre eine eigene Untersuchung wert. Leider müssen wir diese Frage offen und das ganze Phänomen als aussagelos stehen lassen.

* Begegnung mit Verstorbenen ...

Ein häufiger Teil bei Nahtoderlebnissen ist, verstorbene Freunde und Verwandte zu treffen. Wie beim Betrachten des eigenen Lebens kann auch dieser Teil eine Folge mit natürlichem Ursprung sein. Unser Unbewusstes könnte die Verbindung zwischen der Realität des eigenen Sterbens mit den verstorbenen nahen Personen wie eine gedankliche Brücke herstellen und die Fantasie den Rest übernehmen. Manch einer wird das nun für weit hergeholt halten, von einem sterbenden, sauerstoffarmen Gehirn solche Funktionen zu erwarten. Dies könnte aber möglich sein. Bei Untersuchungen der Universität Michigan an sterbenden Ratten konnte nachgewiesen werden, dass nach dem Herzstillstand eine kurze Phase sehr aktiver Hirntätigkeiten beginnt. In dieser Zeit könnten gewisse Nahtoderlebnisse vom Gehirn gesteuert werden. Wissenschaftler versuchen Erklärungsversuche bei bekannten Vorgängen zu finden. Nicht bei unbewiesenen, unstofflichen Philosophien. Es gibt aber auch Berichte, dass man alte Freunde getroffen hätte, von denen man vorher nicht einmal gewusst habe, dass sie inzwischen verstorben sind. Leider kann ein solcher Fall wissenschaftlich nur schwer bewiesen werden. Interessant ist hier die Wahrscheinlichkeit, denn normalerweise sind fantasievolle Produkte unseres Unbewussten nicht sehr realitätsbezogen. Es müsste viele Fälle von Begegnungen mit nahestehenden Personen geben, die noch gar nicht verstorben sind, was nicht der Fall ist. Deutungen hin oder her, wir können in diesem Teil der Phänomene keine wertvolle, richtungsweisende Bedeutung erkennen.

* Zeitlosigkeit: in kurzer Zeit viel erleben, das normalerweise viel mehr Zeit beansprucht hätte

Eine verschrobene Wahrnehmung des Zeitempfindens kann auch durch Drogen hervorgerufen werden. Dieses Phänomen messen zu können wäre sehr hilfreich, allerdings kann ein blosser Eindruck nicht untersucht werden. Man müsste der Empfindung des Erzählers vertrauen. Dass körpereigene Hormone und Drogen, die während des Sterbens ausgeschüttet werden, das Empfinden stören könnten, ist naheliegend. Ein spiritueller Hinweis auf ein Leben nach dem Tod ist es jedenfalls nicht ohne Beweise. Bei einem untersuchten Fall berichtet die AWARE-Studie von einem Patienten, der beschrieb, wie er seine Wiederbelebung aus einer Ecke des Raums beobachtete. Seine Angaben waren erstaunlich genau. Er beschrieb auch zweimal den Ton eines bestimmten Gerätes gehört zu haben. Nach seiner Beschreibung konnte es nur ein Gerät sein, das im Drei-Minuten-Intervall den beschriebenen Pfeifton erzeugte. Dadurch konnte sein Erlebnis zeitlich eingeordnet werden. Als die Maschine diese Töne erzeugte, hatte der Patient keine messbare Hirntätigkeit. Das könnte man nun als Zeichen verstehen, dass die Abläufe doch nicht vom Gehirn gesteuert sind, aber naheliegender ist, dass die EEG-Messverfahren zu oberflächlich und ungenau messen, um tiefere Hirnregionen zu erfassen. Jedenfalls konnte man durch diesen Bericht erkennen, dass die Erlebnisse nicht vor oder nach dem Herzstillstand stattgefunden haben, sondern wirklich währenddessen.

* Bewusstwerden des eigenen Todes ...

Manchmal geschieht das durch Betrachten des eigenen, leblosen Körpers. Manchmal durch das Wahrnehmen der Reanimationsversuche oder durch das Betrachten der Reaktionen von Verwandten und Freunden. Kaum ein Nahtoderlebnis beinhaltet nicht diesen Teil. Das geht in den Berichten als unbedeutendes Detail unter. Doch die Häufung und die Wahrscheinlichkeit sind ausserhalb des zu erwartenden Rahmens und der Sterbende wird regelrecht zu dem Punkt hingeführt, die Erkenntnis zu erlangen, dass er tot ist. Dass sein eigener Körper leblos da liegt und sein Bewusstsein trotzdem weiter besteht. Fragen wir uns, welcher Ablauf normalerweise zu erwarten wäre. Geht man davon aus, dass diese ganzen Szenarien nur im Gehirn entstehen, so wären sie am ehesten irgendwo zwischen Tagtraum und Traum einzuordnen. Eine gedankliche Konfrontation mit dem Tod wäre zu erwarten. Der Tagtraum oder Traum hätte also, gesteuert vom Unbewussten, mit grosser Wahrscheinlichkeit irgendetwas mit dem Tod zu tun, eine Art Spiegelung der Situation. Da ist aber etwas unstimmig, denn der Tod wirkt auf uns erschreckend, löst Verunsicherung oder Angst aus. In dieser Form geschieht das aber nicht. Fast alle berichten von einem eher unbefangenen Feststellen des eigenen Todes.

Ein Erklärungsversuch für diese Unbefangenheit könnte die Ausschüttung von Hormonen und Botenstoffen des sterbenden Gehirns sein. Hier müssen wir einen Unterschied machen zwischen einer unkontrollierten Ausschüttung mit dem Grund, dass das Hirn selbst stirbt oder einer gezielten Ausschüttung. Eine unkontrollierte Ausschüttung ist nicht wirklich vorstellbar bei der Unbefangenheit und der Klarheit der Erlebnisse, es würde eher Panik und Verwirrung herrschen durch verschiedene Hormonausschüttungen. Als gesteuerte Ausschüttung könnte das Gehirn ein Mechanismus besitzen, um uns den Tod zu erleichtern. Sollte man aber wirklich davon ausgehen, dass das Gehirn kontrolliert Botenstoffe zur Beruhigung ausschüttet und zusätzlich uns zur Erkenntnis führt, gerade gestorben zu sein? Die Evolution und das Leben/Überleben sind sehr erfinderisch, aber nie ohne Wert für das Leben selbst. Hätte die Evolution einen solchen Mechanismus hervorgebracht, würde das bedeuten, unser Gehirn besitzt Fähigkeiten, unsere Psyche in passenden Situationen zu beeinflussen, ohne wirklichen Nutzen für das Leben. Das wäre ja schön, aber weshalb nutzt es diese Fähigkeit dann nicht auch, wenn es wirklich um das Leben und Überleben geht, bei Depressionen und Suizidgedanken? Vermutlich, weil es den Mechanismus nicht gibt. Das Heranführen an die Erkenntnis gestorben zu sein, macht aus spiritueller Sicht tatsächlich viel mehr Sinn als irgendeine andere Erklärung.

* Eine Lichtgestalt ...

Erlebnisse beinhalten sehr häufig eine Lichtgestalt, die manchmal als Gott, oft auch als anziehendes, Licht und Liebe ausströmendes Wesen beschrieben wird. Das Erlebnis mit der Lichtgestalt wird von kraftvollen Gefühlen der Zuneigung begleitet und wird durch so manchen Erzähler religiös interpretiert. Die Häufigkeit sowie die starken Gefühle der Erlebnisse haben vielleicht eine Aussagekraft, die wir untersuchen sollten. Suchen wir zuerst nach einer natürlichen Ursache ... Die starken Gefühle lassen sich wieder mit ausgeschütteten Botenstoffen und die Lichtgestalt mit dem Licht des Tunnelblicks erklären. Ungewöhnlich ist aber diese Fokussierung auf die Lichtgestalt. Viele würden diese starke Liebe und Zuneigung, käme sie von körpereigenen Botenstoffen, genauso gut zu einer der verstorbenen Personen oder zu irgendeinem Objekt erleben. Es berichten aber nicht nur bemerkenswert viele von dieser Lichtgestalt, sondern fast alle über diese Anziehung und Zuneigung. Skeptiker bringen an, dass man die Lichtgestalt nur fokussiert, weil man sie für Gott hält, aber selbst überzeugte Atheisten berichten von den Erlebnissen und Gefühlen mit der Lichtgestalt. Es sieht so aus, als seien es nicht nur ausgeschüttete Botenstoffe, da wäre die gleiche Problematik wie beim vorherigen Phänomen. Einbildung oder Fantasie kann man auch ausschliessen, denn es sind schlicht zu viele Berichte. Massenhalluzinationen oder kollektives Gedächtnis funktionieren nur unter ganz bestimmten Voraussetzungen, die hier nicht gegeben sind. Ein weiterer, natürlicher Grund für das Treffen mit dieser Lichtgestalt ist nicht erkennbar. Wenn man nun alles ausschliesst, was auf eine biologische, logische oder normale Ursache hinweisen kann, was bleibt dann noch? Weshalb lernen wir nach unserem Herzstillstand eine Lichtgestalt kennen, zu der wir uns stark hingezogen fühlen? Vielleicht weil es sie gibt? Wir wissen nichts über diese Lichtgestalt, wenn wir religiöse Vorstellungen ausblenden. Wenn man die Beschreibungen vergleicht, die nicht Gott oder Engel beschreiben, dann bleiben Aussagen von Wärme, Liebe, Vertrauen, Wohlgesonnenheit, Vaterfigur usw. Auch hier gilt, dass eine Anhäufung ähnlicher Erlebnisse wie dieser aus dem wahrscheinlichen Rahmen fallen. Aus mathematischer Sicht haben diese Erlebnisse eine Bedeutung und einen Wert. Dieser mag für den einen offensichtlich sein, ein notorischer Skeptiker wird den Grund bei «noch Unbekanntem» suchen. Ein vernünftiger, neutraler Mensch wird wohl sagen: «Wow, bemerkenswert!»

* Bewertung des eigenen Lebens ...

Beim Betrachten dieses «Lebensfilmes» berichten die meisten Beteiligten von Nahtoderlebnissen von einer Selbstbewertung ihres Lebens, meist begleitend durch die Lichtgestalt. Dabei werden einem verursachtes Leid und Konsequenzen begangener Fehler aufgezeigt. Aber auch gute Taten und erbrachte Opfer werden lobend bewertet. Mit emphatischem Mitgefühl, das man im Leben nicht in der Fülle empfindet, betrachtet und bewertet man das eigene Handeln. Es wird bewertet, es ist zumindest in diesem Moment nicht egal oder unbedeutend, wie man gelebt hat. Konsequenzen daraus werden nicht vermittelt. Nach den Aussagen bewertet man hautsächlich selbst sein Leben. Auch wenn der Lebensfilm selbst durch Drogen oder Hirnstimulation herbeigeführt werden kann, die Bewertung des eigenen Lebens kennt man nur bei echtem Herzstillstand.

Kommen wir noch einmal darauf zurück, ob die Lebensschau vom Gehirn selbst kommen könnte: Durch die Nähe und Verbundenheit dieser zwei Phänomene Lebensschau und Selbstbewertung müsste der Auslöser eigentlich derselbe sein.

Es gibt keine Selbstbewertung ohne Lebensschau. Jedoch lässt sich nur die Lebensschau zusätzlich durch Drogen oder Hirnstimulation auslösen. Auch ein vermutetes Lebensende, wie bei einem Unfall, reicht nicht für diese Selbstbewertung aus. Dass der Auslöser beim sterbenden Gehirn zu suchen ist, scheint hier nicht auf jeden Fall zu stimmen, sonst hätten wir auch Fälle der Selbstbewertung bei vermutetem Lebensende. Vielleicht unterscheiden sich die zwei Lebensschauen doch grundsätzlicher voneinander, das könnte aber nur jemand beurteilen, der beides erlebt hat. Bedeutend ist jedenfalls auch bei der Selbstbewertung, dafür einen nicht übernatürlichen Nutzen oder Ursprung zu finden. Mir fällt keiner ein!

* Rückführung ins Leben ...

Die Berichtenden fanden alle zurück zum Leben, sonst könnten sie nicht darüber erzählen. Das Erlebnis dieser Rückführung kann sehr unterschiedlich sein. Einige kamen zu einem Punkt ihrer Sterbereise, an dem sie die Wahl hatten, selbst darüber zu entscheiden, ins Leben zurückzukehren. Anderen wurde erklärt, dass sie nun zurückmussten, dass ihre Aufgabe noch nicht erfüllt sei. Eine dritte Gruppe wurde völlig unerwartet in einer Art Sog zurück in den Körper gezogen. Diese Gruppe hat keine wesentliche Bedeutung für unsere Sinnessuche. Das Herz begann nach der Reanimation zu schlagen und das Bewusstsein erwachte im Leben. Bei der Gruppe, die zurückmusste, sind Argumente, dass der Auslöser das Gehirn sein könnte, vielleicht gerechtfertigt, denn unser Unbewusstes könnte das Wiedereinsetzen des Herzschlages wahrnehmen und uns wie in einem Traum die Szene vorspielen. Allerdings erklärt das nicht die Häufigkeit und Ähnlichkeit dieser Erlebnisse. Interessant ist die Gruppe, die selbst entscheiden konnte. Es gibt keinen bekannten Fall, obwohl dies anzunehmen wäre, dass jemand nicht zurückwollte, diese Wahl hatte und trotzdem zurück ins

Leben fand. Wäre die ganze Szene nur dem Gehirn entsprungen wie ein Traum, gäbe es bestimmt solche Berichte. Denn unser Unbewusstes spiegelt immer unsere Gefühlswelt. Konfrontiert mit Gedanken und Gefühlen um den eigenen Tod, also um eine unkontrollierbare Situation, würde bei einer vom Gehirn erfundenen Situation auch eher alles schieflaufen. Auch bei diesem Teil der Nahtoderlebnisse ist ein Erklärungsversuch mit rein biologischen Prozessen nicht erkennbar.

Zusammengefasst ist es trotzdem wie durstig im Meer zu schwimmen. Wir haben haufenweise Hinweise, finden aber keine eindeutigen Beweise für ein Jenseits. Es liegt hauptsächlich daran, dass harte Fakten gesucht werden müssen in einem Gebiet von Berichten, Erlebnissen und Gefühlen. Es ist gleichermassen schwierig, müsste man einen wissenschaftlichen Beweis für Liebe oder das Träumen finden, obwohl niemand an deren Existenz zweifeln wird. Was aber immer wieder auffällt sind die Häufigkeiten ähnlicher Berichte. Nach der Wahrscheinlichkeitsrechnung wären unendliche Variationen zu erwarten.

Von Änderungen der persönlichen Lebenseinstellung nach Nahtoderlebnissen wird auch oft berichtet. Dies mag auf den ersten Blick nicht verwundern, aber würde man Voraussagen wagen über solche Veränderungen, was wäre zu erwarten? Einige von ihnen würden wohl frommer werden im Sinne ihrer Religion. Andere würden bewusster leben und die geschenkte Zeit voll geniessen. Das hört man auch in etwa von Reanimierten ohne Nahtoderlebnisse. Überlebende mit Nahtoderlebnissen erzählen, dass sie keine Angst mehr haben vor dem Tod. Die meisten versuchen ihren Mitmenschen mit mehr Liebe und Verständnis zu begegnen. Sie versuchen, ihr

Weiterleben nützlicher zu gestalten und sie betrachten das Leben, die Natur und die Mitmenschen mit mehr Respekt. Dies, obwohl bei vielen von ihnen ein Weiterleben nicht leicht ist. Oft haben sie Schmerzen, leiden an einer Krankheit, an Gebrechen oder sind durch einen Unfall gezeichnet. Wir kennen das alle an uns selbst. Eindrücke genauso wie gute Vorsätze verblassen schnell. Es müssen wirklich sehr bewegende Ereignisse stattfinden, damit Veränderungen über lange Zeit anhalten, so wie bei den Berichtenden.

Was für einen Einblick ins Jenseits wir wirklich durch Nahtoderlebnisse haben, wissen wir nicht. Wir können auch zeitlich betrachtet nur einen kurzen Einblick erhaschen und versuchen daraus schlau zu werden. Im Grunde wissen wir nicht einmal, welchen Teil wir davon gesehen haben. Was hinter diesem Einblick, dieser Grenze der Erlebnisse käme, kann niemand sagen.

Wir haben vernünftige und gute Ansätze erhoben bei der Auswahl, welche Teile von Nahtoderlebnissen wir werten sollten und welche nicht. Schauen wir uns noch an, was Gegner von spirituellen Deutungen zusätzlich argumentieren. Eine Theorie zu den tiefen und ergreifenden Gefühlen, die meistens vorhanden sind, begründet, dass das sterbende Gehirn Mengen an Botenstoffen wie Dopamin freisetzen könnte, was diese Gefühle erklärt. Dabei müssen wir davon ausgehen, dass Botenstoffe gezielt vom sterbenden Gehirn freigegeben werden, denn es gibt bei Botenstoffen und Hormonen immer aufhebende andere Botenstoffe, so etwas wie Gegenspieler. Ohne Kontrolle des Gehirns würden diese ebenfalls ausgeschüttet werden. Einzelne Gefühle wären dann eher gedämpft, aber wir würden die ganze Palette an Gefühlserlebnissen beobachten. Die

Berichte enthalten nicht ein breites Feuerwerk von gegensätzlichen Gefühlen, sondern mehrheitlich eine Fokussierung auf Liebe, Geborgenheit und Wärme. Sogar die vereinzelten Berichte von Dunkelheit und Einsamkeit, die meist bei Suiziden erwähnt werden, beinhalten klare Gefühle.

Weitere Argumente sind, dass Sauerstoffmangel, Kohlendioxidüberschuss und Halluzinationen Auslöser der Erlebnisse sein könnten. Dagegen sprechen Versuche, welche unternommen wurden, um ähnliche Erlebnisse hervorzurufen. Der grosse Unterschied war stets der Zustand nach den Versuchen. Wenn Sterbende mit Nahtoderlebnissen zum Leben zurückkehren, sind die Erlebnisse meist sehr präsent, nah und real. Bei den Versuchen hingegen müssen sich die Probanden zuerst einmal derart vom Kohlendioxid oder dem Sauerstoffmangel erholen, dass die Erlebnisse später bereits wie verblasst und fern wirkten.

Ein weiteres Argument von Kritikern sind künstlich ausgelöste, aber vergleichbare Teilerlebnisse durch Hirnstimulationen oder Drogen. Persingers Motorradhelm-Konstruktion zur Hirnstimulation brachte seine Probanden zuverlässig zu einer Art höherem Sinneserlebnis mit spirituellem Charakter. Man begann seinen Helm den «Gotteshelm» zu nennen. War der Helm aber gar nicht am Strom angeschlossen, hatten manche ahnungslose Probanden trotzdem ein Gotteserlebnis. Es entstand nur aus der eigenen Erwartung, dass man gleich so ein Erlebnis haben wird. Dies kann man belächeln, aber auch als eigenes Phänomen betrachten. So wie die Tatsache, dass dieser Lebensfilm ablaufen kann, nur weil der Betroffene überzeugt ist, gleich zu sterben, zeigt, dass der Auslösegrund gewisser Erlebnisse nicht nur beim Tod selbst gesucht werden kann. Wir nehmen uns und unsere Umwelt durch unser Gehirn mit unseren

Sinnen, Gefühlen und unserem Verstand wahr. Die Funktion des Gehirns lässt sich aber manipulieren. Hochgefühle und Bewusstseinsveränderung durch Alkohol und Drogen kannte man bereits in alten Kulturen. Da sich die Natur zur Steuerung von Gefühlen im Gehirn Botenstoffen bedient, können wir durch Einnahme bestimmter Stoffe unsere Gefühle manipulieren.

Neben gefühlsverändernden Drogen gibt es noch bewusstseinsverändernde Drogen. Einige wie LSD haben den scheinbaren Reiz, eine Tür zu öffnen und dadurch neue Einblicke in die Gefüge der Welt, Kreativität und des Spiritualismus zu erlauben. Schamanen bedienen sich oft Drogen, um den Kontakt zu ihren Geistern zu erleichtern. Drogen haben einen bestimmten Einfluss auf das Gehirn, Gefühle sowie Bewusstsein. Bestimmte elektrische Hirnstimuli haben ihre eigenen Effekte und genau genommen sogar Hypnose und Suggestion. Unser Ich-Empfinden, also das, was wir für unser Ich halten, hat für uns ein klares Bild. Doch so klar können wir unser Selbst nicht wirklich erfassen. Unter Drogen kann die Wahrnehmung von uns selbst und unserer Welt völlig anders sein. Ein spirituelles Erlebnis durch Drogen zu versuchen, so wie Schamanen, hat im Vergleich zu Nahtoderlebnissen nicht diese Ansammlungen von ähnlichen Erlebnissen. Diese sind in ihrer Art und Empfindung breit gestreut und daher wohl mehr ein Konstrukt der Fantasie.

Bei einem häufigen Erlebnis haben Anhänger biologischer Erklärungen auch Mühe, gute Gegenbegründungen zu finden. Dieses Hinführen zur Erkenntnis, dass man gestorben ist. Welche Bedeutung hat das? Ist das ein klares Indiz für etwas, was von aussen kommt und nicht von unserem Gehirn? Immerhin, niemand beschreibt seine Erlebnisse als traumähnlich oder zweifelt an der Realität des Erlebten. Während des Träumens ist man sich zwar meist nicht bewusst darüber, aber nach dem Aufwachen weiss man, dass es ein Traum war.

Nahtoderlebnisse, zumindest ähnliche Erlebnisse kann man auch ohne zu sterben erleben. Wie kann es sein, dass der Tod nicht der alleinige Auslöser ist? Dazu sollte man berücksichtigen, dass die Sterbenden selbst noch nicht ganz tot waren, man konnte sie ja wiederbeleben. Eine Erklärung wäre, dass der Zugang und die Verbindung zu dieser anderen Welt möglicherweise immer bestehen, aber von unserem Gehirn oder Bewusstsein so wie bei einer Überlagerung abgeblendet werden. Vergleichbar einem Vogelgezwitscher auf der Autobahn. So verursacht nicht der Tod diese Erlebnisse, sondern das Abschalten dominierender Gehirnfunktionen, um dieses Vogelgezwitscher endlich hören zu können. Drogen, Hirnstimulationen und Todesschock könnten teilweise oder ganz diese Gehirnfunktionen abschalten. Dazu kann es sein, dass unser Gehirn, womit wir die Welt wahrnehmen, nicht die Fähigkeit besitzt, diese Unstofflichkeit des Jenseits zu verarbeiten. So etwa wie ein Mensch, der bei seiner Geburt blind war und bei dem nach Jahren der Grund seiner Blindheit medizinisch behoben wird. Danach sieht er, das Gehirn kann aber zu Anfang die Sinnesreize der Netzhaut nicht interpretieren. Er sieht zwar, kann aber dabei nichts erkennen. In gleicher Weise wäre die Fähigkeit, diese andere Welt zu interpretieren, unmöglich. Mit viel Übung und Begabung vielleicht etwas spürbar, jedoch immer durch fantasievolle Interpretationen überschattet. Nahtoderlebnisse, die ohne diese Überschattung des Gehirns wunderbar funktionierten, müssen später vom Gehirn des Wiederbelebten erzählt werden. Eine fantasievolle Interpretation von real gefühlten Erlebnissen beginnt, so wie die Erzählung einer Fahrt zum Himmel in einem gelben Taxi. Sterben und die natürliche Abschaltung von Gehirnaktivitäten wären so gesehen eine Entfaltung und Befreiung des überlebenden Bewusstseins.

Aber was sind wir nun eigentlich, wenn unser Gehirn unseren Geist nicht erfassen kann? Was ist das Ich? Wir identifizieren uns durch unseren Körper und durch den Teil unseres Verstandes, den wir erkennen können. Aber was soll das denn sein, unser Verstand? Seele, Geist, Über-Ich, Karma, Bewusstsein oder doch nur Hirnströme, die ein Ich generieren? Dass unser Körper sterblich ist, das ist uns allen klar. Die Nahtoderlebnisse hinterlassen uns sogar bei skeptischer Analyse einige Indizien, dass mit dem Tod des Körpers unser Ich nicht ausgelöscht wird. Ganz davon abgesehen, ob man aus religiöser Sicht sowieso daran glaubt oder als moderner und intelligenter Mensch eher skeptisch ist, wir können nicht überzeugend ausschliessen, dass ein «Danach» auf uns wartet.

Ich selbst hatte nie eine Nahtoderfahrung. Eigenartig, dass mir Erzählungen darüber zwar neu, aber erstaunlich vertraut vorkommen. Geht es uns allen so, redet man nur nicht darüber? Unser lebendes menschliches Gehirn scheint eine grosse Säule unseres Ich-Empfindens zu sein. Das kann aber nur bedeuten, dass wir uns nicht sicher sein können, was oder wer wir im Jenseits sind. Unser Gehirn wird den Tod jedenfalls nicht überleben. Um ein Gespür dafür zu erhalten, was «menschlich», «lebend» und «geistig» unterscheidet, werden wir unser Ich in den nächsten Kapiteln unter die Lupe nehmen. Wir machen uns Gedanken über unser Bewusstsein, analysieren unser Gehirn mit seiner Funktionsweise und vergleichen es mit Computern. Wir untersuchen die für ein Zusammenleben störenden menschlichen Züge und versuchen danach, das Ich zusammenfassend zu beschreiben.

Bewusstsein, Geist und Seele

Geht man davon aus, dass nach dem Leben noch etwas übrig bleibt, bleiben trotz der Nahtoderlebnisse unzählige Fragen unbeantwortet stehen. Der Einblick in dieses «Danach» bleibt uns verwehrt. Manchmal lassen sich aber kleine Erkenntnisse beim Stellen der richtigen Fragen gewinnen, wie zum Beispiel durch abstrakte Warum-Fragen.

Welchen Sinn hat ein Leben nach dem Tod?
Unser Bewusstsein, unsere Gefühle und unsere Erinnerungen werden überleben, das können wir aus den Nahtoderlebnissen eben schlussfolgern. Unvorstellbar ist, dass dieses Bewusstsein nach dem Leben ohne strukturierte Umgebung weiter besteht. So, als begebe es sich in einen unendlich grossen, leeren Raum. Das Jenseits muss eine eigene Ordnung und Struktur besitzen, eine eigene Realität. Unbeeinflusst davon, ob man danach Geist, Seele oder Bewusstsein ist und ob man es Himmel, Jenseits oder Nirwana nennt. Alles was ist, hat eine eigene Ordnung und Struktur! Sogar Chaos folgt seinen eigenen Regeln und Gesetzmässigkeiten. Und noch etwas: Alles was ist, hat einen Grund da zu sein, sonst wäre es nicht da! Man kann demnach zu allem und jedem den Zusammenhang zwischen dem Grund und Zweck, seiner Struktur und seiner Ordnung suchen. Mit Betrachtung der Ordnung und Struktur gelingen Annahmen und Hypothesen, weshalb etwas ist. Auf welche Struktur und Ordnung im Jenseits kann man durch Nahtoderlebnisse schliessen?

1. Wenn wir ein Teil einer spirituellen Ordnung sind, ist es naheliegend, davon auszugehen, dass der Sinn des Lebens nicht nur unser eigener Sinn ist, sondern auch zur Struktur dieser

Ordnung gehört. Das heisst, der Zweck dieser Ordnung und ihr Sinn müssen teilweise bereits im Leben zu finden sein, sonst wären wir nicht hier.

2. Es ist so, dass wir keine direkte Verbindung zum Jenseits haben, selbst wenn Religionen von übernatürlichen Geschehnissen wie Begegnungen mit Engeln und Botschaften berichten. Wenn wir wie bei den Nahtoderfahrungen vernünftige und kritische Wertungen benutzen, bleibt kaum etwas übrig. Schussfolgernd ist keine direkte Verbindung möglich oder sie wird vermieden.

3. Aus den Erzählungen der Nahtoderlebnisse können wir sehen, dass bestimmte Fähigkeiten und Werte weiter bestehen. Man hat Gefühle, Erinnerungen, Wissen und Urteilskraft. Auch Wertvorstellungen, die sich aber von den weltlichen differenzieren können. Es gibt Sinneswahrnehmungen wie sehen und eine Art hören sowie Kommunikation und zueinander Verbindungen einzugehen. Das alles ist uns so vertraut, dass wir es nicht sonderlich betrachten. Jedoch um das Jenseits zu beschreiben, sollte man das berücksichtigen.

4. Unser Körper, das Gehirn und damit auch die Gefühle haben ihren Ursprung bei der Geburt. Vorher, jedenfalls vor der ersten Zellteilung, gab es unseren Körper nicht und damit auch nicht unser weltliches Bewusstsein. Ob unser geistiges Bewusstsein schon vorher da war und bei der Geburt dieses Körpers eine Verbindung eingeht, können wir nicht sagen, aber ausschliessen können wir es nicht. Der Gedanke von Wiedergeburt wäre übrigens so gesehen möglich. Um die Ordnung im Jenseits zu erkennen und damit deren Sinn könnte der Ursprung des geistigen Bewusstseins entscheidend sein.

Nun, wenn das Bewusstsein bereits vorher da war, wann war dessen Anfang? Beim Urknall vielleicht oder sogar vorher, schon immer? Können Sie sich vorstellen, dass Ihr Bewusstsein schon Milliarden von Jahren vor dem Urknall da war? Könnte etwas langweiliger sein, ein Nichts ausser dem Bewusstsein, unendlich lange. Auch wenn man eine Gottesgestalt erklären möchte, stellen sich die gleichen Fragen nach dem Anfang ... Wir kommen später darauf zurück im Kapitel «Physiologie von Gott».

Wenn der Anfang des überlebenden Bewusstseins mit der Geburt des Menschen entsteht und es nach dem Tod weiterlebt, wäre das Jenseits ein Ort, wo man sozusagen als Frischling hinkommt. Man taucht ein in diese neue Ordnung und Struktur und deren eigenen Sinn. Was aber, wenn man das gar nicht will? Hat man keine Wahl? Der oft auch von Religionen zitierte «freie Wille» muss doch beim Sinn des Lebens sowie im Jenseits Bestand haben, sonst wären wir nur Sklaven einer Sinneserfüllung. Obwohl eine vorgeburtliche Erinnerung fehlt, ist eine Selbstbestimmung nur wirklich möglich, wenn dieses Bewusstsein bereits vor unserer Geburt da war. So hätten wir auch selbst entschieden, einen sinngemässen Schritt einzugehen als menschliches Lebewesen.

Betrachten wir das Wesen des Bewusstseins. Immerhin etwas, was im Leben und im Jenseits existiert: Was ist unser weltliches, erkennbares Bewusstsein? Intelligenz, ohne Zweifel eine Errungenschaft des Lebens und der Evolution. Ab einer gewissen Entwicklungsstufe kam der Mensch und sicher auch einige Tiere zu dem Punkt, sich seiner Intelligenz und sich selbst bewusst zu werden. Ich bin, ich kann mich wahrnehmen und ich kann mich von meiner Umgebung abgrenzen.

Dies erfahren wir als «Ich» und als unser Bewusstsein. Doch so unverwüstlich, dass es den Tod überwinden kann, scheint das Bewusstsein im Leben nicht zu sein. Wir können es leicht ausschalten durch Narkose, wegblenden durch Schlaf oder beeinflussen durch Drogen oder Alkohol. Auch psychische Krankheiten können das Bewusstsein trüben oder blenden. Wenn aber das Bewusstsein unser ureigenes Wesen darstellt, das, was uns wirklich ausmacht, unser Geist sozusagen, dann passt es nicht, dass dieses Bewusstsein beeinflussbar ist durch Alkohol, Drogen und Krankheiten.

Das weltliche Bewusstsein ist eindeutig vom Gehirn abhängig und findet dort seinen Ursprung. Wenn es ein geistiges Bewusstsein gibt, müsste dieses völlig unabhängig von Körper und Gehirn funktionieren und die eigene Wahrnehmung und das, was wir als Ich empfinden, müsste sich vom jetzigen Bewusstsein etwas unterscheiden. Erinnerungen beispielsweise wären nicht mehr der Vergesslichkeit des Gehirns unterworfen und empfundene Gefühle wären nicht mehr durch Botenstoffe oder instinktives Verhalten beeinflusst. Können wir unser geistiges Bewusstsein (noch) gar nicht wahrnehmen? Das ist etwas verwirrend und erinnert mich an die Tests mit Tieren, ob sie sich selbst im Spiegel erkennen oder nicht. Ist unser geistiges Bewusstsein im Leben wie dieses Tier, das sich selbst nicht erkennt? Unter Alkoholeinfluss können wir selbst eine Veränderung unserer Bewusstseinswahrnehmung feststellen, dabei haben wir jedoch nicht das Gefühl, jemand anderes zu sein. Was wir als Ich erfahren, scheint durch unsere Erinnerungen geprägt zu sein, sogar die Erinnerung an sich selbst. Unser Ich-Empfinden könnte also eher eine Erinnerung unserer Selbstbetrachtung sein als ein exakter, statischer Zustand.

Damit lässt sich das Wesen einer unverwüstlichen Seele, eines geistigen Bewusstseins aber nicht wirklich beschreiben. Es kommt noch dazu, dass es bei einer Beobachtung zwei Komponenten gibt, den Beobachter und das beobachtete Objekt. Ändert sich das Objekt, ändert sich auch das Ergebnis der Beobachtung. Verändert der Beobachter die Sichtweise, beispielsweise durch Aufsetzen einer farbigen Brille, ist das Ergebnis ebenfalls verändert. Sich selbst wahrzunehmen bedeutet, gleichzeitig Objekt und Beobachter zu sein. Durch Drogen spirituelle Erfahrungen machen zu wollen, ist zweifellos eine Betrachtung durch eine solche Brille. Dem Erlebten kann man nicht trauen. Inwiefern die Nahtoderlebnisse auch durch eine farbige Brille erlebt werden, können wir leider nicht ermessen.

Das Jenseits zu erklären und dessen Ordnung zu erkennen ist also gar nicht so einfach. Man geht dabei von Unterschieden zur jetzigen Realität aus und erkennt schnell, dass wir nicht einmal das Wesen des Ichs verstehen. Um unser geistiges Ich oder Bewusstsein besser erkennen zu können, sollten wir unser weltliches Ich einmal mit etwas Distanz betrachten. Machen wir uns ein paar Gedanken über das Gehirn und seinen Einfluss auf unser Ich.

Unterschiede zwischen Gehirn und Computer

Das bekannte binäre Computer-System unterscheidet sich grundlegend in Struktur und Funktion von der Multivernetzung des Gehirns. Trotzdem können beide Systeme gleiche Aufgaben erfüllen. Das binäre System punktet bei Genauigkeit und Schnelligkeit, das Gehirn bei Komplexität und Kreativität.

Es sollte einem bewusst sein, dass die multivernetzte Funktionsweise des Gehirns künstlich gebaut werden sowie trotz binärer Struktur simuliert werden kann. Am einfachsten stellt man sich die Speicherfähigkeit des Gehirns wie Häuser und Strassen auf der Erde vor. Die Häuser sind Erinnerungsspeicher, wo Elemente von Erinnerungen gespeichert sind. So in etwa wäre das Speichern eines Messers ein Haus für metallisch, weitere Häuser für Werkzeug, gefährlich, Griff, schneiden, Essen usw. Messer wäre also bereits ein kleines Dorf und kein einzelnes Haus. «Eine Region zusammenhängender Teilespeicher». Ist das ganze Dorf aktiv, ist die Erinnerung Messer da. Die Strassen mit ihren verschiedenen Breiten, deren Ausbaustandard, stellen die Verbindungen sowie die Verbindungsintensität zwischen den Häusern dar. Weiter gibt es Fernstrassen und Städte. Städte sind komplexe Speicherfähigkeiten, zum Beispiel eine Gefühlserkennung. Ein ganzes Land wäre die Speicherung der Motorik, Sprache oder einer komplexen Situation. Über die Strassen ist jedes Haus auch indirekt mit jedem anderen verbunden.

Nun kommen wir zur Funktion: Strassenverbindungen für nah und fern werden von Postboten benutzt, um Information zu transportieren. (Die Information selbst ist nicht massgeblich, sondern eher ein Wert). Es gibt einen Postboten pro Wegverbindung, also viele pro Haus. Der Job des Postboten ist der: Warte, bis der Postbotenraum im Haus voll ist, dann wird die Information transportiert. Ob eine Information von einem Haus zu einem anderen geht, hängt also von der Grösse des Postbotenraumes ab. Strassenarbeiter sind für den Bau von guten, schnellen Strassen verantwortlich, was der Lernfähigkeit entspricht. Häuser und Strassen ermöglichen das Speichern und das Vergleichen von eingehenden Signalen. Durch Teilung, Splittung und Zusammenfügung können auch komplexe Sachverhalte verglichen werden. Dann gibt es überall viele Polizeihäuser und Polizeiregionen mit Spezialfunktionen. Ihre Aufgabe unterscheidet sich vom Speichern und Vergleichen. Sie entspricht unserem Hirnprogramm der Reaktion. Die Aufgabe, reaktionsrelevante Regionen zu beobachten.

Allein mit dieser Architektur ist bereits ein einfaches Lebewesen wie eine Ameise oder Biene zu steuern. Bewusstsein stellt dann nur noch eine weitere Spezialisierung dar. Eine zusammenhängende, komplexe Hirnregion mit der Fähigkeit und dem Nutzen, mit seiner Umwelt besser zu interagieren (Stufe intelligente Tiere) wurde noch weiter spezialisiert zur Fähigkeit und zum Nutzen, sein eigenes Verhalten und seine Gefühle zu hinterfragen. Diese Stufe bedient sich auch der Fähigkeit, sich rein gedanklich abzugrenzen und das selbst zu erkennen.

Der grosse Unterschied zu einem Computer mit einem Programm ist, dass nicht ein exakter Wert verglichen wird an einem klar definierten Ort. Das Gehirn arbeitet nicht digital, aber auch nicht analog. Das ist so etwas dazwischen. Seine Vorgehensweise des Vergleichs ähnelt der Annäherung der KI. Der Unterschied liegt darin, dass selbst das Programm nicht starr, sondern der Annäherung unterworfen ist. Es schaut sozusagen selbst, welches Programm in der riesigen Möglichkeitssammlung am besten passt. Da man das Rad nicht immer neu erfinden muss, wird ein bewährtes Vorgehen durch Ausbau von Strassen und Anpassungen der Postbotenräume vordefiniert. Vergleichen kann man die Architektur gut mit einem millionenfachen Rüttelsieb mit einer Bedeutung, wo was und wie viel rausfällt.

Diese Rechnerarchitektur kann komplexe menschliche Fähigkeiten ausüben, so wie die binäre Architektur die erstaunlichen Fähigkeiten eines heutigen Computers ermöglicht. Der Vorteil des Gehirns ist die fast uneingeschränkte Lernfähigkeit, der Nachteil ist der Ungenauigkeitsfaktor sowie die genetisch überlieferte Grundstruktur mitsamt dem instinktiven Verhalten, die sich nur langsam anpassen kann.

Interessant ist ein gedankliches Experiment. Stellen wir uns vor, dass die technischen Möglichkeiten gegeben wären, ein bestimmtes menschliches Gehirn bis in die kleinste Nervenzelle, Verknüpfung und den kleinsten Feuerungsimpuls künstlich nachzubauen. Der Computer müsste eigentlich dieselben Erinnerungen, dieselben Charaktereigenschaften und sogar dasselbe Bewusstsein haben. Ein Aussenstehender könnte nicht unterscheiden, ob er sich mit dem Menschen oder dem Computer unterhält. Es wäre eine Art Gehirn-Klon. Der echte Mensch könnte sich mit sich selbst unterhalten. Beide würden den anderen als eigenständiges Wesen betrachten. Man müsste sagen, beide Bewusstseine haben dieselbe Vergangenheit, aber eine Abspaltung in Gegenwart und Zukunft. Wie sieht das nun mit dem Weiterleben des Bewusstseins aus? Wenn der Computer dies auch hätte, wäre jedes Abschalten des Computers ein Tod, denn ob er wieder eingeschaltet wird, kann man zu diesem Zeitpunkt nicht wissen. Wenn er wieder eingeschaltet wird, müsste er auch von Nahtoderlebnissen berichten? Kaum vorstellbar. Dies bedeutet aber, dass unser Gehirn genauso wie dieser Computer-Gehirn-Klon nicht unser Ich darstellt, es beeinflusst uns nur.

Künstliche Intelligenz

Die Entwicklung der Künstlichen Intelligenz ist noch weit davon entfernt, eine Art Bewusstsein künstlich herstellen zu können. Trotz der beachtlichen Fortschritte in der KI basieren die vorzeigbaren Entwicklungen meist auf selbstlernenden Programmen. Diese werden massenhaft mit Parametern und den dazugehörigen Ergebnissen gefüttert. Daraus müssen sie selbstständig den geeigneten Algorithmus finden. Also über Probieren, Vergleichen und Annäherung eine logische Verbindung zwischen Daten und Ergebnissen erstellen. Dass dies einigermassen funktioniert, hat mehr mit der enorm schnellen Rechenleistung zu tun als mit einer menschenähnlichen Kreativität oder gar einer echten Form von Intelligenz. Der entscheidende Unterschied zu einem menschlichen Gehirn sind das Bewusstsein und die Selbstentscheidung. Diese zusätzliche Steuereinheit, die von der KI-Forschung noch als unprogrammierbar betrachtet wird, sollten wir genauer betrachten. Es ist nichts weniger als das, was der Mensch dem Computer «noch» voraus hat.

Was verursacht denn Selbststeuerung, woraus letztendlich Bewusstsein bis hin zu Selbstbewusstsein entstehen kann? Damit ein Rechner eine eigene Entscheidung treffen kann, weder vorprogrammiert noch selbstprogrammiert, braucht es eine Bewertung der Situation. Dies setzt voraus, dass ein Mechanismus fähig ist, eine Bewertung vorzunehmen, also eine individuelle Wertevergleichsfähigkeit. Man kann sich heute sicher vorstellen, dass es möglich ist, so ein Programm zu schreiben. Das reicht aber nicht, da fehlt noch mehr für Selbstentscheidung. Es ist die Motivation, der Treibstoff des menschlichen Programms.

Ein Beispiel: Mensch und Computer schauen sich ein Automobil an und müssen entscheiden, welche Farbe am besten zu diesem Fahrzeug passen könnte. Der Computer wird hierbei nur ähnliche Formen mit beliebten Farben heranziehen können. Obwohl der Mensch dies zu einem Teil auch macht, werden noch zahlreiche andere Entscheidungshilfen genutzt wie individueller Geschmack, individuelle und allgemeine emotionale Bindungen von Farben, Kontraste zu anderen Designelementen und vieles mehr.

Was fehlt denn dem Rechner, um selbst auch solche eigenen Entscheidungen treffen zu können? Gefühle, Erfahrungen, Bewusstsein und Kreativität? Ja, aber dies alles lässt sich programmieren. Gefühlsprogramme, ist das möglich? Ja! Wir erachten Gefühle als etwas nicht wirklich Fassbares, eher von geistiger Natur. Aber auch beim Menschen haben Gefühle einen bestimmten Nutzen. Sie drücken einem Ereignis oder einer Erinnerung einen Gefühlsstempel auf. Unser Gehirn bewertet ein neues Ereignis neutral nach dessen Wirkung und versieht es dadurch mit einem solchen Gefühlsstempel. Bei einer ähnlichen Situation wird das Gefühl hervorgerufen, selbst dann, wenn wir nicht wissen, woher und weshalb. Es leitet unsere Entscheidung, auf das Ereignis reagieren zu können.

Ein Beispiel: Die Situation, dass ein Mensch zutiefst beleidigt wird. Was geschieht? Dieses menschliche Gehirn wird mit einem Input gefüttert, dass es analysiert und mit Erinnerungen vergleicht, als beleidigend wertet, als Reaktion Botenstoffe aussendet und diese vom Bewusstsein als unangenehmes oder sogar nicht auszuhaltendes Gefühl wahrnimmt. Die Reaktion wird nicht ausbleiben. Das Geschehen, nüchtern hinsichtlich der Funktion betrachtet, sieht so aus: Ein Input wird nach einem Muster identifiziert, bewertet und mit gleichen oder ähnlichen

Mustern im Speicher verglichen, danach kann eine Bewertung stattfinden, die eventuell zu einer Folgeaktion führt. Ob ein Computer Gefühle empfinden kann oder nicht, ist dabei nicht relevant, ein geeignetes Computerprogramm kann die Funktionen der Gefühle ausführen. Das Empfinden eines Gefühls ist doch auch nur ein eigenes Programm.

Nun aber das Bewusstsein ... ist das programmierbar? Vereinfachen wir die Funktion des Bewusstseins auf folgende: Es sei die Funktion in uns, die alle denkbaren Entscheidungswege mit Konsequenzen und Nutzen vergleicht und eine Entscheidung trifft. Dies aber mit der Spezialität, dabei sich selbst als mögliche Fehlerquelle sowie seine früheren Entscheidungen mitzubewerten. Das ist der ja auch bei uns der evolutionäre Nutzen des Bewusstseins. Fähigkeiten heutiger Computer und Programmierer legen nahe, dass dieser Teil programmierbar wäre. Trotzdem wären dieses gesamte Computerprogramm und diese Art von Bewusstsein noch nicht mit unserem Bewusstsein zu vergleichen. Was fehlt noch?

Um menschenähnliches Bewusstsein als KI zu programmieren, könnte man verschiedene Programme genau nach Mustern der menschlichen Gehirnfunktionen kombinieren. Beispielsweise ein Erfahrungsprogramm, es vergleicht Inputs, Situation sowie die Lösungsansätze mit gespeicherten Daten, Gefühlsbewertung und deren Gewichtung. Weiter die ganzen Gefühlsprogramme und -sensoren wie zum Beispiel für Gefahren. Klar, ein Computer braucht keine Hungergefühle und Hitze sowie Kälte hätten andere Alarmwerte als beim Menschen. Viele weitere Programme gestalten wir nach unserem Muster, dem Menschen, bis hin zum Unbewusst-Programm mit der Aufgabe eines Vorfilters, um das komplexere Bewusstseinsprogramm vor Überlastung zu schützen. Das Bewusstseinsprogramm in diesem

System ist ein übergeordnetes Entscheidungsfindungsprogramm für Situationen mit Unbekannten. Ohne die Unbekannten läuft vieles über das Unbewusst-Programm und die beeinflussenden Gefühlsprogramme ab. Das ist sehr komplex, wäre aber durchaus heute schon in einer vereinfachten Form programmierbar.

Die spezifische Fähigkeit des Menschen gegenüber Computern und einfachen Tieren sehen wir darin, mit dem Bewusstsein das Bewusstsein zu erkennen, das Selbstbewusstsein. Wäre das vielleicht beim Computer eine Art Geistprogramm, welches sich selbst beobachtet? Es wüsste, welche Programme, Hardware und Sensoren zu ihm selbst gehören (Eingrenzung, Ich) und hätte die Fähigkeit, Schwächen und Fehler in den eigenen Gefühlsprogrammen zu erkennen. Nein, all das ist bereits Teil des Bewusstseinsprogramms. Im Bewusstsein oder Selbstbewusstsein kann der Unterschied zwischen Computer und Ich-Empfindung nicht liegen.

Nun die Motivation: Kann Motivation als Teil des Bewusstseins verstanden werden? Wir verstehen Motivation als Gefühle oder Emotionen, die den Menschen beeinflussen. Eine unbewusste Steuerung, ein Instinkt oder sogar eine Laune, die den positiven Effekt des Tuns emporhebt. Dabei läuft vieles auch ohne unser bewusstes Zutun ab. Es ist aber irgendwie noch mehr. Denn was unsere Selbststeuerung von einem Computer unterscheidet, ist nicht nur die Motivation, die ein Gefühl beschreibt. Das könnte man ja programmieren. Es ist eher ein genereller Selbstantrieb, sozusagen der Treibstoff unseres Ichs. In der Sprache erhielt diese Eigenschaft kein eigenes Wort, es wird der Motivation zugeschrieben, obwohl es zweifellos einen wichtigen Einfluss auf uns Menschen und unser Leben ausübt. Wenn der Mensch sich selbst erkennt und beschreibt, empfindet er seine Gefühle und Neigungen als einen Teil von sich selbst, besonders diesen wichtigen Teil der Motivation. Eine Art empfundene Antriebskraft, die wesentlich zum Ich dazugehört.

Nun wenden wir uns wieder dem Computer zu und versuchen diesen Teil in die KI einzubinden. Was unmöglich scheint, ist im Grunde ganz simpel: ein weiteres Programm, dem sich sogar das Bewusstseinsprogramm unterordnet. Ein simpler Wert von sagen wir 1–100 in einem speziellen Speicher, der jede Stunde um eins reduziert wird. Zusätzlich wird durch jede Situation von aussen (Input) wie von innen (Selbstbewertung) und mit Gewichtung der Wert negativ oder positiv beeinflusst. Um so tiefer der Wert unter 50 sinkt, um so aktiver soll das Programm versuchen, den Wert zu steigern.

Das ist beim Menschen nicht anders und hat mit unserem Wohlsein, unserer Zufriedenheit und unserer Glückssuche zu tun. Ein programmierbares, das Bewusstsein stark beeinflussendes (motivierendes) Gefühl mit Antriebscharakter. Erst jetzt ist die KI fähig, einen eigenen Willen zu entwickeln. Sie sucht eigene Wege, um Ziele zu verfolgen und könnte sogar wie der Mensch auch Neigungen bis hin zu Unbelehrbarkeit zeigen. Der Mensch mit seinem weltlichen Bewusstsein ist vielleicht gar nicht so geistesbezogen, wie wir unseren Bewusstseinsursprung sehen. Wenn man das grundlegend auch programmieren könnte, sind wir dann doch nur ein Produkt unseres Gehirns? Wir werden darauf zurückkommen.

Instinkt

Was sind Instinkte? Es sind vererbte Verhaltensmuster. Obwohl wir instinktives Verhalten eher den Tieren zuordnen, ist das bei uns Menschen nichts anderes. Der Unterschied liegt mehr darin, dass wir uns gegen unsere Instinktsteuerung entscheiden können, wozu die primitiveren Arten der Tiere nicht fähig sind. Instinkte verändern sich nur langsam über viele Generationen hinweg. Sie sind genetisch festgehalten. Das hat den Nachteil, dass unser jetziges instinktives Verhalten aus einem Vorteil für unser Überleben entstanden ist und immer noch wirkt, obwohl es heute unpassend ist. Gerade der Mensch hat in kurzer Zeit viele Bereiche des Zusammenlebens stark verändert. Die Instinkte hinken da weit hinterher.

Ein Blick in die ferne Vergangenheit bis hin zur Geburtszeit des Lebens selbst ist nötig, um den Ursprung und Nutzen instinktiver Teile in uns zu begreifen. Beginnen wir bei den philosophischen Ansätzen, was überhaupt als Lebewesen zu betrachten ist. Machen wir uns eigene Gedanken darüber. Was ist Leben? Es geht wohl grundsätzlich um etwas, das Bestand hat. Es sollte nicht verschwinden, aussterben. Daher sollte es wachsen können, um eine Chance zu haben, sich zu reproduzieren. Reicht das bereits, um etwas als Lebewesen zu bezeichnen? Eine Schneeflocke oder ein Kristall hätte diese Eigenschaften, jedoch ist eine Teilung eher Zufall als zum Weiterleben bestimmt. Wir müssten also noch mindestens eine steuerbare oder planbare Reproduktion hinzunehmen. Diese Definition eines Lebewesens oder des ersten Lebewesens wäre aber bereits etwas zu komplex, als dass es zufällig entstanden sein könnte. Die erste Lebensform müsste eigentlich mehr so ein Zwischending sein. Mehr als ein Kristall mit zufälliger

Zersplitterung und mindestens mit der Fähigkeit, sich weiterzuentwickeln zu einer planbaren Reproduktion. Was könnte das sein?

Wachstum einer Struktur ist in der Biologie oder Chemie oft anzutreffen. Die Teilung war bei den ersten Lebensformen wohl eher eine Folge des Wachstums, als Bruch der Struktur zu verstehen, wobei der Bruch die Funktion nicht beeinflusste. Es waren dann einfach zwei Lebensformen, die wuchsen. Organische Verbindungen in einer nahrhaften, schützenden Ursuppe. Das muss die erste Halblebensform gewesen sein. Dann das zweite entscheidende Element, die Entwicklung. Auch heute noch entscheidend ist die Selektion. Die Halblebensformen also in einer grossen Menge in Konkurrenz, sodass kleine Beeinflussungen und Veränderungen eine erste Auswahl und Selektion zur besseren Struktur die unterlegene Struktur verdrängte. Der erste, ganz natürliche Kampf ums Überleben und ein erstes Steuern dahin, dass geplante Reproduktion die beste Variante zum Überleben darstellt. Eine Schutzhülle wie bei ersten Einzellern entstand erst viel später. Noch später diente die Reproduktion selbst als beste und schnellste Variante zur Anpassung und Veränderbarkeit. Erst mit diesen Aneignungen hatte das Leben eine wirkliche Chance, auf Dauer zu überleben.

Dann entstanden viele Feinheiten und Spezialisierungen der ersten Evolutionsschritte, z. B. die Entwicklung von Sinnesrezeptoren sowie Anpassungen für die Fortbewegung, beides grosse Vorteile zur Energiebeschaffung. Irgendwann konnte sogar diese schützende Ursuppe verlassen werden. Was ist nun mit dem Instinkt? Nach Tausenden von weiteren Entwicklungsstufen kam dann eine Neuerung. Spezialisierung nicht nur durch Veränderung der Struktur, sondern zusätzlich durch vererbbare Übertragung von vorteilhaftem Verhalten. Der vererbbare Instinkt ist ein grosser und wichtiger Schritt in der Evolution. Auch Instinkt wurde durch Selektion verfeinert und geformt wie die Lebensform selbst durch Spezialisierung ihrer Struktur. Wir kennen ja alle die Vielfalt der Evolution. Die Rolle des richtigen Verhaltens, des Instinkts, ist nicht minder wichtig. Ein weiterer revolutionärer Schritt des Instinkts, von dem auch der Evolutionsarm des Menschen profitiert hat, war das Zusammenbleiben und Funktionieren in Gruppen. Die Vorteile dieser Lebensform sind vielfältig. Viele Augen sehen mehr, viele Ohren hören mehr usw. Dann aber noch die Spezialisierung, dass eine Gemeinschaft besser funktioniert durch Ordnung und Struktur wie Hierarchie und Aufgabenteilung. Alles müsste durch instinktive Verhaltensbeeinflussung geregelt werden. Die im Instinkt programmierten Grundregeln der Rangordnung sind im Grunde einfach und liefern dennoch erstaunliche Resultate. Einmal abgesehen von Geschlechtsunterschieden ist es ein ganzheitliches Verhaltensmuster. Es braucht ein allgemeines Bestreben des Einzelnen, über den anderen zu stehen. Ein Muster, dass wie von selbst Rangordnung entstehen lässt. Dazu noch ein Muster von funktionaler Unterwerfung, und schon haben wir eine überlebensfähigere Gruppenbildung. Der Mensch neigt dazu zu denken, er werde nicht von Instinkt geleitet. Schauen wir uns aber nüchtern die grossen Treiber der Menschheit an:

Machthunger,

Rassismus,

Reichtumsgier,

Extremismusneigung,

Dazugehörigkeitsbedürfnis,

Liebesbedürfnis.

In vielen dieser Eigenschaften sind instinktive Verhaltensregeln erkennbar. Der Zweck einiger dieser Instinkte: Machthunger als Leitgefühl einer Gruppenorganisation, Rassismus als Leitgefühl für Abgrenzung und Gruppenorganisation, Reichtumshunger für Vorsorgeverhalten und Sicherheit, Liebesbedürfnis, Eigenwertbedürfnis und vieles mehr leiten uns und unser Verhalten. Grundsätzlich lässt sich jegliche Neigung der Menschheit, die durch Gefühle geäussert wird, als instinktives Verhalten einordnen. Beobachtet man Menschenaffengruppen in der freien Natur, sieht man erstaunliche Parallelen zu uns beim instinktiven Verhalten. Deshalb ist ihr Verhalten für uns nachvollziehbar, eben etwas menschlich. Obwohl Instinkte sich durch Gefühle äussern, ist der grosse Unterschied zu Gefühlen die zeitintensive Anpassungsfähigkeit von Instinkt. Der Mensch hat sein Lebensumfeld in 10'000 Jahren komplett verändert. Das Genom des Menschen hat sich in dieser Zeit kaum verändert, also der Instinkt auch nicht. Wir leben in dieser unserer Zeit, aber unsere Natur verharrt immer noch bei einem Leben in einer kleinen Sippe mit viel Raum und den täglichen Aufgaben rund um Nahrungssuche, Schutz und Vitalität.

Nun sind wir in einem Zeitalter, in dem sich unser Instinkt an die veränderte Situation anpassen muss. Bis dahin müssen wir mit unseren gemischten und unpassenden Gefühlen leben. Beispielsweise der Machthunger, der einst für unser Überleben sorgte, stellt sich nun gegen unser intelligentes Friedensverständnis. Unsere tierischen Wurzeln leiten uns und sind ein Teil von uns. Es liegt an uns, ob wir auf Vernunft oder auf instinktive Glücksverlockungen hören wollen.

Was wir tun können, um es uns einfacher zu machen, ist Wertvorstellungen aufzubauen und zu pflegen, die in der heutigen Lebenssituation einen Leitfaden darstellen. Leider bedient sich unsere Wirtschaft sehr gerne vorhandener Reize, um suggestive Verlockungen herzustellen. Dabei ist nicht von Interesse, ob die Anreize auf Instinkten gründen, die auch für Unruhe und Feindlichkeit sorgen. Das stört unsere friedliche Ordnung.

Psyche

Die Mechanismen der menschlichen Psyche sind komplex, kompliziert und die Erforschung der Psyche steckt immer noch in den Anfängen. Man sollte sich beim Wort «Psyche» darüber im Klaren sein, wovon man eigentlich spricht, denn im Alltagsgebrauch wird das Wort für Verschiedenes gebraucht. Zur Definition des Wortes «Psyche»: Grundsätzlich meint man persönliche oder artgebundene Merkmale, Eigenschaften und Fähigkeiten des Geistes. Für unsere Gedanken um den Sinn des Lebens werden wir nur ein einziges Merkmal genauer betrachten.

Die Multiweg-Funktionsweise des Gehirns spiegelt sich in der Funktionsweise der Psyche wider. Es gibt bei einer Aktion, einem Input verschiedene Filter, Auslöse- und Kontrollpunkte. Wie sollte sie auch anders funktionieren als das Gehirn selbst. Die Psyche kann man auch bezeichnen als die Art des Zusammenspiels, also wie Bewusstsein, Unbewusstes, Instinkte, Intelligenz, Erinnerungen, Erwartungen und Gefühle interagieren.

Das Bewusstsein hat in einem beschränkten Mass das letzte Wort. Diese Cheffunktion vermittelt aber fälschlicherweise, dass das Bewusstsein unser allumfassendes Ich darstellt. Bewusstsein, Charakter, Gefühlswelt, Tugenden und Erinnerungen sind der wahrnehmbare Teil von uns, aber so wie das Licht einer Taschenlampe in einem dunklen Raum erkennen wir nur zusammenhanglose Teile unserer eigenen Psyche. Ein Bauchgefühl lässt sich damit sehr gut erklären. Die Psyche hat eine Wertung in Form eines Gefühls erreicht, die wir bewusst wahrnehmen, ohne alle Einflussfaktoren zu kennen.

Die Psyche der Menschen hat eine Besonderheit. Wie im Kapitel zur Künstlichen Intelligenz beschrieben, braucht es für ein eigenständiges Ich dieses Überprogramm, das verwandt mit der Motivation ist, unser Geistesbenzin. Im Unterschied zu anderen Tieren ist dieser Antrieb bei uns aber verstärkt vorhanden. Als Beispiel ist klar, dass es unser vergrössertes Gehirn mit seiner Intelligenz war, das uns damals die Möglichkeit bot, unsere Heimat in Afrika zu verlassen. Aus psychischer Sicht fehlt aber noch der Anreiz und Antrieb, einen solchen Schritt zu wagen. Die Intelligenz ist nur ein Überlebensvorteil, den wir nutzen, er treibt uns aber nicht an, mehr zu tun, als wir müssen. Der Grund muss entweder instinktives Verhalten, veränderte Lebensbedingungen oder eben diese Motivation gewesen sein. Instinktives Verhalten kann man ausschliessen, denn nur ein kleiner Teil der Menschen hat Afrika verlassen. Teilweise gilt dasselbe für veränderte Lebensbedingungen, könnte aber durchaus ein guter Grund sein, wäre nicht noch etwas. Denn das Verlassen Afrikas war bei Weitem nicht alles. Menschen haben auch ihre Umwelt in einem Ausmass verändert wie kein Tier sonst. Nur aus Intelligenz und weil sie es konnten? Delfine, Orcas, Graupapageien oder Elefanten sind auch intelligente Tiere, haben aber nicht einmal versucht, ihr Umfeld zu verändern.

Wo genau liegt denn der Unterschied zu Tieren, was ist diese Motivation genau? Auch wenn wir das nicht wahrhaben wollen, ein für uns kaum erkennbares leichtes Unwohlsein ist unser Motivationsmotor. Eine genetische Eigenart, das im Vergleich zu Tieren schnellere Verlieren des entspannten Gleichgewichts (entsprechend der Zahl 50 in der KI) ist der Grund für die enorme Antriebskraft der Menschen und damit für die Veränderung der ganzen Welt. Vorstellbar ist sogar, dass unsere Intelligenz selbst eine Folgeentwicklung der menschlichen

Motivation darstellt und nicht umgekehrt. Stellen wir uns vor, wir alle wären von morgen an grundsätzlich zufrieden mit allem. Errichtete Systeme würden nicht mehr funktionieren, weil die Motivation fehlen würde, diesen für übermässig empfundenen Aufwand zu betreiben. Dem Menschen würde es genügen, sein Leben zu geniessen und er würde für alles nur noch den kleinstmöglichen Aufwand betreiben. Mit anderen Worten, ohne dieses leichte psychische Unwohlsein hätten wir die Welt nicht verändert. Dabei richten wir aber unser Glücksbestreben vorwiegend nach Geld und Anerkennung und zwingen uns dabei selbst in ein System, das uns zunehmend unglücklich macht. Ist das nicht paradox für eine Spezies, die sich intelligent nennt?

Woher kommt dieser menschliche Hang, das Gleichgewicht des Wohlseins zu schnell zu verlieren? Ist es als genetischer Vorteil entstanden? Überlebensvorteile sind nicht auszuschliessen, der Beweis ist bereits an unserer weltweiten Ausbreitung erkennbar. Als Grund wäre auch etwas anderes denkbar als ein Hang: eine zu schnelle Veränderung des Lebensumfeldes des Menschen. Aus dem Gruppenleben in der Savanne zum Massentier in einer Stadt. Und die Tatsache, dass die genetischen und instinktiven Ansprüche noch immer in der Savanne verharren, dass wir uns nicht menschengerecht halten und deshalb unzufrieden sind. Heutige noch indigen lebende Volksstämme haben jedenfalls weniger den inneren Drang, alles zu verändern. Wo auch immer der Ursprung für dieses Gefühl liegt, es ist da. Motivation ist dafür aber nicht das passende Wort, Glücksdurst trifft es eher. Mit Distanz betrachtet könnte man den Menschen als ein etwas unruhiges, getriebenes Tier ansehen, als eine sich schnell durch Lebensumstände oder andere Menschen eingeengt fühlende und trotz eines grossen Bedürfnisses an Nähe und Liebe eher lieblos miteinander umgehende Art. Möglicherweise sind wir durch unsere Lebensart, unsere Gefühle und Instinkte mehr versklavt, als uns bewusst ist.

Instinktives Verhalten gehört zur Psyche, egal ob passend oder störend, man kann sie nicht wirklich verdrängen. Das ist so hoffnungslos wie einem Kind zu empfehlen, Süsses nicht zu mögen. Durch die Verleugnung der Tatsache, dass gewisse menschliche Neigungen Probleme verursachen, wird aber jeder Lösungsansatz erschwert. Zu oft wird sogar von Soziologen versucht, eine vorhandene Neigung wie beispielsweise Fremdenhass nur als verachtenswerter Einstellung anzuprangern. Echte Lösungsansätze bedürfen aber eines aktiven Entgegenwirkens gegen die zugrundeliegenden, instinktiven Gefühle.

Gefühle

Es gibt für die Evolution des Lebens nur zwei Möglichkeiten sich zu optimieren: physische Anpassung oder Anpassung des Verhaltens. Intelligenz z. B. ist eine physische Anpassung und Sexualtrieb eine instinktive Anpassung.

Instinkt, Verhalten, Gefühle oder Neigungen, egal wie man es nennt, sind genetisch geschriebene Verhaltensanpassungen. Zu denken, dass eine Ameise keine Gefühle besitzt, ist absurd, denn ihr Verhaltensmuster ist leicht erkennbar. Ohne behaupten zu wollen, dass eine Ameise ein Bewusstsein hat und ihre Gefühle selbst erkennen kann, sind es doch Gefühle, die bestimmen, was die Ameise macht oder was nicht. Denn Gefühle sind Verhaltenssteuerungen, Instinkte äussern sich in Gefühlen und unseren Neigungen geben wir wegen unserer Gefühle nach.

Von der Evolution her betrachtet nutzen viele körperliche Veränderungen nicht viel ohne eine entsprechende Steuerung. Beispielsweise signalisieren direkte Empfindungsgefühle von Hitze, Kälte, Schmerz und Hunger Unwohlsein und fordern eine physische Reaktion. Als in der Evolutionsgeschichte das Leben selbst zur Energiequelle für Leben wurde, entstanden komplexere Gefühle wie Angst und Furcht, um nicht gefressen zu werden. Diese Steuerungen wurden raffinierter, benutzten Erinnerung, Gedächtnis, Erfahrungsspeicherung. Auch das Gefühl des Wohlseins bekam einen bestimmten Stellenwert in der Gefühlswelt. Es leitet dahin, stressfreie und energiesparende Situationen zu bevorzugen. Gefühle entstehen wie Körperteile durch genetischen Zufall, werden wegen eines

Selektionsvorteils für einen bestimmten Zweck verfeinert. Ein grossartiges Beispiel ist die Opferbereitschaft, ein uneigennütziger Aufwand zum Wohle einer Gemeinschaft. Gefühle sind instinktiv veranlagt, aber viele werden erst in der frühen Kindheit durch persönliche Situationen mit Erfahrungen verknüpft. Wir lernen in dieser Zeit jeder für sich, zu welchen Situationen wir Glück und Unglück erfahren. Das bestimmt massgebend das weitere Leben. Einige dieser Gefühle werden wir genauer analysieren, weil sie in unserer Zeit mehr stören als nützen.

Profitgier, Habgier

Ein Grundpfeiler des Lebens ist Vermehrung, nicht zu verwechseln mit Zeugung. Es nutzt dem Leben, denn Vermehrung ist überlebensfähiger als nur Fortbestand. Sich zu vermehren, gehört zur Natur aller Lebewesen. Sich auszubreiten, bedeutet für die Spezies aber zwangsläufig irgendwann Grenzen zu erreichen durch Verknappung der Ressourcen. Eine Herde kann sich beispielsweise so lange vermehren, wie noch genügend Grünflächen vorhanden sind. Werden diese Grenzen erreicht, könnte das die ganze Art gefährden, weil es jeden Einzelnen schwächt. Weitere Einflüsse durch Krankheiten oder Umweltveränderung könnten sich dann verheerend auswirken.

Irgendwann stellte sich die Evolution dieser Gefahr und erfand die Neigung der eigenen Bevorzugung. Das war ein strategischer Zug, denn es unterstützte gleichzeitig die Selektion. Der Stärkere gewinnt beim Futter, aber auch bei der Fortpflanzung. Auch der schnellere, schlauere, geschicktere konnte nun sein Überleben sowie seine Verbreitung aktiv fördern und so die Art stärken. Damit bei schlechten Bedingungen nicht alle geschwächt werden, diktiert die Natur das Gesetz von Stärke und Überlegenheit. Die Starken haben genug Futter, sind gesund und sichern den Erhalt. Leitgefühl dahinter ist ein instinktiver Egoismus. Die Gefühle hinter Profit- und Habgier sind einfach ein Teil von uns. Dieses tierische Verhalten prägt unseren Alltag trotz gesellschaftlicher Problematik. Menschen möchten Sicherheit, Wohlstand und eine aussichtsreiche Zukunft. Unsere Neigung sagt uns, dass wir das für uns allein wollen, nicht für die ganze Gesellschaft. Man gibt oft der Neigung zu Profit- und Habgier nach und gleichzeitig wertet man dasselbe Gefühl bei den Mitmenschen als negativ. Aber Stars aus Film, Musik und auch Wirtschaft sehen wir gerne als Vorbilder, besonders wenn sie ein Vermögen aufbauen konnten.

Wieso ist Profit- und Habgier zum Problem geworden? Unser wirtschaftliches System fördert die Geschickten, Opferbereiten und Zielstrebigen. Diese stehen alle in Konkurrenz zueinander. Dies gilt nicht nur für Menschen und Unternehmen, sondern auch für Regionen, Länder und Kontinente in Wohlstand, Macht und Ideologien. Egoismus spaltet stark und schwach und Unterschiede werden immer grösser. Es gehört mit dazu, dass Ärmere und Schwächere trotz ihrer Benachteiligung sogar ausgebeutet werden. Können wir es uns noch leisten, diesem Gefühl so viel Freiheiten zu lassen? Für sich selbst etwas mehr herauszuholen mag so lange in Ordnung sein, wie es der Allgemeinheit gut geht, aber jeder Einzelne bereichert sich, auch wenn nicht direkt beabsichtigt, wegen des Prinzips des Stärkeren auf Kosten der Schwächsten. Dieses tief verwurzelte Gefühl in uns bewirkt Ungerechtigkeit und Leid. Globale Entscheidungen fehlen oft, weil Länder wirtschaftlich untereinander in Konkurrenz stehen. So sollten globale politische Lösungen den Schutz schwacher Binnenwirtschaftlichkeit über die wirtschaftlichen Bestrebungen anderer Länder stellen.

Es liegt aber auch in der Verantwortung des Einzelnen, seinen Lebenskodex so zu korrigieren, dass das eigene Streben nicht zum Leid eines anderen führt. Es ist nichts Falsches daran, ein besseres Leben für sich und seinen Liebsten anzustreben. Es ist aber ein Unterschied, ob man beispielsweise versucht, seine Tomaten trotz Kosteneinsparung geschmackvoller hinzukriegen oder ob man versucht, durch Beimischung von bedenklichen Chemikalien einen besseren Ertrag zu erzeugen.

Der Stellenwert von Geld und Reichtum in unserer Gesellschaft ist verblüffend. Wir sind alle der Täuschung verfallen, dass wir mit Reichtum glückliche Menschen wären. Kennen wir aber einen Reichen, der den ganzen Tag sein Lächeln nicht aus dem Gesicht kriegt? Hingegen kennen wir aber einfache Leute, die glücklich sind, weil sie in einem freundlichen Umfeld leben. Es sollte uns zu denken geben, dass Reichtum immer nur auf Kosten anderer entstehen kann und damit dem freundlichen Umfeld entgegenwirkt.

Machtstreben

Manche Gefühle haben in unserer Geschichte und in unserem Leben eine derart eingebettete Präsenz, dass sie einen Normalitätsstatus innehaben. Machtstreben gehört dazu. Um Ordnung und Führung einer Gruppe zu regulieren, hat die Natur die Hierarchie hervorgebracht. Vom Gefühl her kann man Hierarchie als Resultat des Wunsches nach Steigerung des

Selbstwertes betrachten. Genau so arbeitet der Instinkt. Er kreiert eine Neigung, ein Gefühl mit dem Zweck, eine Tendenz zu schaffen. Um hierarchische Strukturen aufzubauen, bedient sich das Leben aber zweier Gefühle. Wäre nur der Wunsch nach Eigenwertigkeit vorhanden, würde das die gesamte Gruppe durch permanente Machtkämpfe schwächen.

Die Gegensteuerung ist unsere Bewunderung, Verehrung und Akzeptanz für höhere Machtränge. Das ist nicht aus einem bestimmten Grund so, es ist eine instinktive Neigung. Eigenwertigkeit ist das gute Gefühl, sich selbst als wertvoll zu sehen und noch mehr das unangenehme Gefühl, sich als wertlos zu betrachten. Die Machtordnung, die durch diese zwei Neigungen entstehen, ist auch noch in unserer Zeit nötig. Obwohl unser Freiheitssinn es nicht mag, geführt zu werden, müssen wir doch zugeben, dass anarchische Züge Chaos bedeuten. Leider sprechen zu viele Neigungen und Instinkte der menschlichen Natur gegen ein respektvolles, fürsorgliches Miteinander ohne strenge Regeln.

Macht verlangt nach Verantwortungsbewusstsein. Im Beruf wie in der Familie, in der Politik und in der Wirtschaft entstehen durch Macht ohne Verantwortung zu schnell Schaden und Leid. Skrupellosigkeit ist die schlimmste Art von Machtmissbrauch, besonders wenn der Stärkevorteil auf Angst und Brutalität basiert. Massen von Menschen bis zu ganzen Ländern können darunter leiden. Machtstreben ist immer noch ein nötiger Instinkt, aber jeder Einzelne sollte sich der grossen Verantwortung bewusst sein, die er damit übernimmt.

Rassismus

Versuchen wir den Sinn dieser Neigung herauszufinden. Wie immer bei Instinkten muss man weit in der Zeit zurückgehen, um einen möglichen Nutzen für das Überleben zu erkennen. Bei Herden ist üppiges Nahrungsvorkommen eine Voraussetzung. Gnus beispielsweise versammeln sich zu riesigen Herden und wandern gemeinsam zu grossen und üppigen Weidegebieten. Andere Tierarten mit Gruppenbildung haben sich auf knappere Nahrungsquellen spezialisiert. Sie mussten, um überleben zu können, ein Territorium für sich beanspruchen. Ein gutes Beispiel ist das Löwenrudel. Löwen markieren und verteidigen ein Revier vor Fressfeinden, einschliesslich rudelfremder Löwen.

Und wie ist das beim Menschen? In der heutigen Zeit könnte man beim Menschen schon fast von Grossgruppierungen ausgehen wie bei den Gnus, aber unser Ursprung in der Savanne ist eindeutig bei Kleingruppierungen mit Gebietsanspruch einzuordnen. Auch wenn heute die meisten Menschen genug Nahrung haben, zeigt sich dieses instinktive Verhalten durch die starke Neigung zu einem zugrunde liegenden Gruppengefühl: der Einordnung in «innerhalb» oder «ausserhalb der Gruppe», in Freund und Feind.

Die Welt ist deutlich kleiner geworden als vor 100 Jahren. Günstiges und schnelles Reisen durch Flugzeuge hat Distanzen schrumpfen lassen, Überbevölkerung, Massenwanderungen und Gruppendurchmischungen durch wirtschaftliche Ungleichheiten, Kriege und klimatische Unterschiede hat stattgefunden. Das Problem dieses alten Instinktes ist auf der ganzen Welt deutlich erkennbar: Kriege aus religiösen Gründen, für Ressourcen oder Gebietsansprüche, Rassismus, Rechtsextremismus, Populismus, Polarisierung, Abgrenzung und die Minderheitenproblematik. Bei manchen indigenen Urvölkern sind die Gruppen noch klar definiert und das eigene Revier bestimmt. Grenzübertritte bedeuteten oft Krieg. Heute ist diese Gruppenzugehörigkeit verwischt. Ethik, Religion und Nationalität können zwar noch klare Gruppengrenzen bilden, aber erkennbare Gruppen können genauso Sportklubs, Berufe und Ideologien bilden.

Es herrscht ein solches Gruppendurcheinander, dass ein neues, allgemeingültiges Gruppengefühl an Gültigkeit gewinnt. Zu unserem Vorteil wird interpretiert als Freund und zu unserem Nachteil bedeutet Feind. Es vermischt sich mit unserer egoistischen Neigung. Die alte Gruppendynamik «zusammen füreinander» verliert immer mehr an Bedeutung. Die neue Situation der Vermischung von Gruppen wirkt sich so auf uns aus: Eine erkennbare Gruppe mit Nachteilen löst automatisch eine Abneigung und eine Abwehrhaltung gegen die Gruppe aus. Dies gilt nicht nur bei anderen Rassen, das lässt sich bei jeder erkennbaren Gruppe beobachten. Die Erkennbarkeit einer Gruppe ist dabei wichtig, danach braucht es nur noch das Empfinden eines Nachteils. Ein Vorurteil, Misstrauen oder Fremdartigkeit reichen schon. Eine «erkennbare, für mich negative Gruppe».

Wirtschaftliche Interessen, Freiheits- und Gleichheitsgedanken und auch Armut haben die Durchmischung von Gruppen gefördert. Trotz der weltweiten Probleme mit Rassismus wird diese menschliche Neigung missachtet, unterschätzt, kleingeredet oder als Toleranzlosigkeit abgetan. Dieser Neigung entgegenwirken kann man durch die Vermeidung von zu starker und zu schneller Vermischung, durch Integration oder durch Aufheben des empfundenen Nachteils.

Bei vorhandenen Vorurteilen ist die Politik gefordert, mit Meinungsbildung dagegen anzugehen. Bei echten empfundenen Nachteilen, wie zum Beispiel einer erkennbar tieferen Hemmschwelle für Gewalt, sollten durch Aufklärung und Förderung des Integrationswillens die Nachteile bekämpft werden. Die Vermeidung der Erkennbarkeit einer Gruppe ist oft nicht möglich, denn fremdartiges Aussehen oder eine andere Hautfarbe lassen sich nicht ändern. Etwas anders sieht es bei kulturellen Unterschieden aus. Manche Erkennbarkeit sollte man nicht öffentlich ausleben, wenn man der eigenen Gruppe nicht schaden möchte. Integration bedeutet auch, nicht erkennbar zu sein. Was zur Stärkung des eigenen Gruppengefühls gelebt wird, nehmen andere rasch als fremdartige Provokation wahr.

Wir sollten Offenheit leben und Vorurteile vermeiden. Wir sollten uns bewusst sein, dass Fremdartigkeit immer von beiden Seiten gilt. Wir sollten aber auch Konzepte schaffen gegen die Ursachen von Wirtschaftsflucht. Ist es nicht ohnehin langsam Zeit für eine weltweite Verfassung, die für Gerechtigkeit steht, für den einzelnen Menschen, gegen Krieg und Gewalt?

Unser Hang zu Fanatismus und Extremismus

Es ist ein beliebtes Werkzeug der Evolution, Neigungen für eine gewollte Steuerung zu nutzen. Daraus entsteht ein Vorteil. Natürlich ist es nicht die Evolution, die ein Werkzeug benutzt, eher umgekehrt. Der Vorteil entsteht zuerst bei einem einzelnen

Tier durch genetischen Zufall. Dies setzt sich durch Selektion in der ganzen Population durch, weil die kleine Veränderung einen Vorteil bedeutet und wird dann nach und nach zu einem Merkmal einer ganzen Art. Aber genau wie bei nützlicher Medizin können auch ungewollte Nebeneffekte auftauchen. Ist der Nutzen grösser als der Nachteil, wird die natürliche Selektion die Veränderung beibehalten. Ein solches Merkmal der Menschen ist die Zielorientierung, nicht zu verwechseln mit Aufgabenorientierung. Beispielsweise hinkt der Vergleich unserer Arbeitsamkeit mit der eines Ameisenvolkes, denn Ameisen sind aufgabenorientiert.

Es mag erstaunlich klingen, aber die Stufe der Selbsterkenntnis ist in der Evolution vermutlich auch nur ein Nebenprodukt der Intelligenz. Sich wahrzunehmen und sich selbst betrachten zu können, ist Teil der höheren Intelligenz und dient zweifellos dazu, das eigene Verhalten korrigieren zu können. Dass sich das Bewusstsein mit dem Bewusstsein beschäftigt, bringt aber keinen signifikanten Vorteil für das Überleben.

Der Hang zu Fanatismus und Extremismus ist ein Mix aus Neigungen, etwas aus unserem Drang, immer weiter kommen zu wollen und uns zu verbessern, etwas aus unserer Suche nach Eigenwertigkeit und Bedeutsamkeit. Ein Stückchen Steigerungschance in der Hierarchie lässt manchmal eine Lebensphilosophie, eine Glaubensausübung oder was auch immer weit über das Ziel hinaus nach noch mehr Perfektion suchen. Eine verwunderliche Tatsache, denn Übertreibung ist in der Natur meist schädlich, mit unnötig grossem Energieaufwand verbunden. Dieser Perfektionismus scheint ein grundlegender Unterschied zwischen dem Menschen und anderen Tieren zu sein. Wir streben ständig nach Verbesserung und

Weiterkommen. Ein Stehenbleiben in einer ungenügend perfekten Welt empfinden wir als unangenehm. Vermutlich hat dieser Hang auch viel mit unserem Glücksdurst zu tun. Es treibt uns weiter und weiter in den Perfektionismus. Ein weiterer Grund ist die Fülle von Aufgaben, Verantwortungen und Achtsamkeiten, denen wir uns verpflichtet fühlen. Es sind so viele Dinge, die wir beachten müssten, dass es uns schlicht überfordert. Sich einer Sache voll hinzugeben, sich darauf zu konzentrieren, bedeutet alles andere in der Priorität abzustufen. Dies entlastet unsere Aufmerksamkeit und wir können mit Anforderungen zweiten Ranges besser umgehen. Dessen sind wir uns nicht genug bewusst. Vielleicht wäre ein besseres Verständnis solcher Meinungen eine gute Chance mehr darauf zu achten, ob das eigene Streben nach Perfektion anderen Lebewesen schadet.

Perfektionismus kann zu Fanatismus und Extremismus anwachsen, wenn er anfängt, einen schädlichen Charakter zu entwickeln oder wenn ein Anspruch entsteht, dass andere genau so denken sollten. Gemeinschaftliches Streben nach Perfektion wird auch gerne genutzt, um Macht aufzubauen. Ein vorhandenes Bedürfnis wird gezielt fokussiert, um Massen zu manipulieren.

Früher kam der überwiegende Teil unserer Informationen vom Journalismus. Die Schreiber waren gebildet und die meisten Medien achteten auf den Wahrheitsgehalt. Das hat sich mit dem Internet grundlegend geändert, nun haben zahllose Sensationsschreiber lautstark den Informationsmarkt erobert. Mit seriösem Journalismus lässt sich kaum noch Geld verdienen, weil die Zusatzkosten für seriöse Berichterstattung und Nachforschung nicht mehr belohnt werden. Die Leser beachten lieber Sensationen. Ein Gefahrenpotenzial, das erst allmählich erkannt wird. Wir informieren uns über das Internet und es muss uns für «Glaubwürdigkeit» genügen, dass es uns überzeugt.

Dieser riesige Informationskuchen, in dem sich zu jedem Fachgebiet haufenweise Gegenargumente finden lassen, wurde zur Quelle unseres Wissens und unserer Überzeugungen. Die fehlende Glaubwürdigkeit und die Richtungslosigkeit machen uns kritisch, was eigentlich gut ist. Wir hinterfragen automatisch die vorhandenen Aussagen und bei aufkommenden Zweifeln sammeln wir weitere Informationen über das Internet. Aber die Fülle an Informationen im Internet beinhaltet, dass wir mit unseren Suchbegriffen auch immer eine Bestätigung unserer Zweifel erhalten. Es gibt immer haufenweise Gleichgesinnte, die uns den Eindruck geben, die Zweifel seien gerechtfertigt. Leider sind wir den kritischen Informationen gegenüber weniger kritisch. Wir glauben immer mehr unseren bestätigten eigenen Gedanken. Internet polarisiert und verstärkt jeden Gedanken. Es ist das Viagra für Extremismus und Fanatismus. Bestätigung braucht man nicht lange zu suchen: Populisten, Verschwörungstheoretiker und Gegner gegen alles sind überall zu finden.

Vorurteile und Aberglauben

Niemand ist frei davon, auch wenn das die meisten von sich denken. Das Gehirn geht sozusagen gerne den bequemen Weg, das spart Zeit und Energie. Man muss das Rad quasi nicht immer wieder neu erfinden und so nutzen wir gerne Meinungen und Stellungnahmen anderer. Besonders dann, wenn wir in einer Situation noch keine eigenen Erfahrungen sammeln konnten. Dieses Vorgehen ist eigentlich nützlich, wir werden von unseren Eltern, unseren Lehrern, unseren Freunden und den Medien beeinflusst und übernehmen viele Gedanken und Meinungen. Dabei gilt stets, je häufiger man von etwas hört, desto glaubhafter ist die Aussage. Die Strategie der Produktwerbung bedient sich sehr erfolgreich dieser Eigenschaft.

Was sind Vorurteile und Aberglaube? Gehören nicht jede Meinung und jede Einstellung, die nicht der Wahrheit entsprechen, in diese Kategorie? Aber wie kann man sich der Wahrheit sicher sein, gehört so gesehen nicht alles zum Aberglauben? Von Vorurteilen und Aberglauben spricht man erst, wenn die vorgebildete Meinung unerwünschten negativen Einfluss hat oder keinen Sinn ergibt.

Noch einmal das Internet … Alle Neigungen und alle Überzeugungen, auch die mit gefährlichem Charakter finden ihr Gruppenverständnis und ihre Bestätigung. Störende, also negative Vorurteile und Aberglauben schaden oft durch die Menge an gleichgesinnten Leuten, die Bestätigung finden. Egal wie schräg und unsinnig eine Idee oder ein Gedanke ist, er findet seine Anhänger. Wir sollten uns dieser Tendenz bewusst sein. Nicht nur bei den anderen, sondern auch bei uns.

Werteempfindung, Glück, Zufriedenheit, Erfüllung

Uns allen ist klar, was «wertvoll» bedeutet. Nur wenigen ist klar, dass Wert im Grunde nur ein Begehren darstellen kann. Wie wertvoll ist Gold, wenn es nirgends mehr etwas zu Essen gibt? Wie viel würden wir bezahlen für einen einzigen Schluck Wasser kurz vor dem Verdursten? Geld empfindet jeder als wertvoll. Obwohl es im Grunde nur ein Stück Papier ist, ein

Schuldschein, der ohne Vertrauen völlig wertlos ist. Was ist denn wertvoll? Ist etwas selten oder begehrt, wird es wertgeschätzt. Ist etwas selten und begehrt, ist es wertvoll. Begehrlichkeit lässt sich nicht von Glücksversprechen trennen. Zu einem Stückchen Glücksgefühl gelangen zu können oder auch etwas Linderung von Unglück zu erlangen, hat einen Wert. Wert bedeutet für uns immer eine gute oder bessere Situation. Die Liebe und Anerkennung des Vaters, eine schöne Aussicht, eine Freundschaft, Liebe, Reisen, Musik, Kunst und noch vieles mehr.

In spirituellem Sinne betrachtet sind Glück und Begehrlichkeit nicht gut und auch nicht schlecht. Aber erstrebenswert kann die Frau des Nachbarn sein oder Geld, das einem nicht zusteht. Es sich zu nehmen bedeutet, Unglück oder Leid zu verbreiten. Man erringt eine Begehrlichkeit im Einvernehmen, tauscht dafür normalerweise einen anderen Wert. Im Normalfall opfert man viel Arbeit, um etwas Wertvolles zu besitzen. Den Eigenwert, also die eigene Begehrlichkeit steigern zu wollen, ist auch eine Wertvorstellung. Man will bewundert und beneidet werden. Man will etwas Besonderes sein oder sich mit Wert umgeben. Auch Schönheit will man in einer seltenen Güte besitzen. Neid und Missgunst anderer bestätigen uns den eigenen Wert. Auch beim Eigenwert gilt ein Bezug auf Seltenheit. Wäre jeder Mensch ein Millionär, würde dies wohl nicht mehr reichen, um sich wertvoll zu fühlen.

Beim Wertempfinden können wir einen starken Zusammenhang zu unserem menschlichen Glücksdurst erkennen. Streben nach Glück ist aber eine Illusion, das Glücksversprechen ein flüchtiger Zustand, denn Glück ist immer von kurzer Dauer. Obwohl wir uns dessen bewusst sind, streben wir mit viel Aufwand und grosser Anstrengung nach immer neuen, kurzen

Glücksmomenten. Würden wir den gleichen Aufwand für unsere Zufriedenheit betreiben, wären wir vermutlich glücklich mit unserer Zufriedenheit.

Was ist denn der Unterschied zwischen Glück und Zufriedenheit? Glücksgefühl ist ein Hochgefühl mit Gewinncharakter. Er lässt kurzfristig den Glücksdurstpegel hochschnellen. Aber der Gewinn von heute ist die Normalität von morgen. Man kann sich durch Erinnerung an das Ereignis und das Glücksgefühl bestimmt von Neuem erfreuen, aber auch diese Wirkung lässt allmählich nach. Zufriedenheit und Glück sollte man auseinanderhalten. Zufriedenheit ist eher ein stummes Wohlgefühl, dafür kann es von Dauer sein. Man kann jahrelang sehr zufrieden sein mit seiner Nachbarschaft oder mit seiner schönen Wohnungseinrichtung.

Genaugenommen sind wir alle süchtig nach diesem Rausch des Glücks. Wir verhalten uns dabei oft wie ein Süchtiger. Achten wir darauf, dass wir nicht bereit sind, jemandem zu schaden, um unsere Drogen zu erhalten. Sein Leben nach den grösstmöglichen Freuden auszurichten, ist wie einer stumpfsinnigen, unbefriedigenden und aufwendigen Illusion nachzueifern. Denn es bedeutet, Glücksgefühle festhalten zu wollen. Etwas scheinbar Paradoxes beinhaltet viel mehr Wahrheit. Die kleinen Freuden sind die wahren Freuden. Die kleinen Freuden sucht man in sich selbst statt durch Bestätigung. Sie sind immer da, auch wenn wir sie kaum beachten.

Zusammenfassung Ich

Der Mensch ist, wie er ist. Ein guter Mensch sein zu wollen ist ein steter Kampf mit sich selbst. Dem einen fällt das etwas leichter als dem anderen. Umstände, z. B. wo und in welche Situation man geboren wird, kann niemand selbst bestimmen, sie können es einem aber deutlich erschweren, einen guten und richtigen Weg zu finden. Man kann sich fragen, worin der Sinn liegt, manchmal so schwere Erfahrungen machen zu müssen. Ist das eine Art Schule? Weshalb kann der Mensch nicht einfach liebevoller und rücksichtsvoller sein? Vielleicht soll es nicht einfach sein, Nächstenliebe zu empfinden. Jedenfalls ist in unserem Leben der menschliche Instinkt ein echter Gegenspieler zu dieser spirituell scheinbar sehr wichtigen Nächstenliebe.

Betrachten wir es einmal aus der Distanz. Diese Welt ist kein Ort der Liebe. Wir alle lieben die Liebe und haben sie immer wieder von Mitmenschen erfahren. Aber die Gesellschaft, die Konkurrenz und auch noch die Instinkte machen es schwierig, Liebe zu versprühen. Jeder trägt in seinem Herzen eine Gruppe von nahestehenden, geliebten Gefährten, die anderen müssen sich diesen Platz verdienen. Menschen können so gut und fürsorglich sein, aber sie sind auch fähig, so viel Leid zu verbreiten, so egoistisch zu sein und so gedankenlos mit der Welt umzugehen.

Für jeden Einzelnen gibt es aber nur diese Welt und diese Menschen. Die Mitmenschen sind nicht perfekt, wir aber auch nicht. Aber wir sind die Einzigen, die es ändern können, es liegt an uns.

So wie man in den Wald ruft! Wir sind die Opfer, weil die Welt nicht liebevoller ist und es uns verdammt schwierig macht, liebevoll zu leben. Wir sind aber auch die Täter, weil wir es nicht trotzdem versuchen.

Wir denken, im Jenseits muss alles anders sein. Da ist alles liebevoll wie in Mutters Schoss. Wir sind dann auch liebevoll, weil uns alles mit Liebe begegnet.

Ist das vielleicht der wahre Grund für diese Schule? Liebe zu erkennen und auch das Fehlen von Liebe zu erfahren, damit man den Wert von Liebe erkennt?

Na gut, noch einmal. Wir sind die Einzigen, die diese Welt ändern können. Es ist aber nicht leicht, ein System zu ändern, das sich über so lange Zeit eingependelt und etabliert hat. Wie könnte man nur diesen Teufelskreis durchbrechen? Wir, also diese Generation, werden das vermutlich nicht mehr schaffen, aber wir können heute die Schienen der Zukunft legen.

Im Grunde geht es um einen einzigen erstrebenswerten Zustand, um eine rücksichtsvolle Gesellschaft. Dieser Zustand wird durch den aktuell gültigen Verhaltenskodex beeinflusst, den man durchaus einfach verändern kann. Er ist die Moral einer Gesellschaft. Achtet man auf Einflussfaktoren des Verhaltenskodex, dann verändert man die ganze Gesellschaft.

Moral

Die gesellschaftliche sowie die persönliche, individuelle Moral sind der richtungsweisende Kompass des Zusammenlebens. Ein Verhaltenskodex des Einzelnen, die Entscheidungswaage über gut und schlecht. Die meisten Menschen achten den Moralrahmen, teils um nicht von der Gesellschaft ausgestossen zu werden, aber auch um in den Spiegel schauen zu können und innere Werte in sich selbst zu sehen. Moralvorstellungen sind aber nicht in Stein gehauen, sondern beweglich, beeinflussbar und pflegebedürftig. Selbst Moral kann durch Extremismus manchmal legitim oder gar verpflichtend scheinen: seine Gegner mit Gewalt zu bekämpfen, anderen seinen Glauben aufzuzwingen, Hexen zu verbrennen und Menschen für gute Zwecke zu foltern.

Das Pflegen und Erhalten des Pflänzchens Moral überlässt man gerne den Religionen. Allerdings verlor in vielen Gesellschaften der Status der Religion an Wert. Dazu kommt noch die starke Präsenz von Produktwerbung, die bewusst unsere Instinkte anspricht und stärkt. Wir werden so permanent an unsere innersten Gelüste und Neigungen erinnert, sodass diese bereits eine gesellschaftliche Akzeptanz erreichen. Fehlende Moral bedeutet aber Egoismus, Gewalt, Kriminalität, Anarchie, Chaos, Misstrauen, Unsicherheit und Krieg.

Moral zeigt uns eine Barriere, die wir nicht überschreiten sollten. Sie ist aber nicht wie Gesetze an einzelne Vorgaben gebunden, sondern ist ein Gefühl mit einer Hemmschwelle. Diese Hemmschwelle hat ein Niveau und genau um die Beeinflussung dieses Niveaus geht es. Es kann positiv sowie negativ beeinflusst werden. Eine Herabsetzung der

Hemmschwelle durch Gewaltverherrlichung in Filmen und Computerspielen ist nur ein Beispiel. Wer glaubt, selbst darauf achten zu können und dass solche Filme und Computerspiele nur einzelne Menschen beeinflussen, liegt völlig falsch. Denn eine leichte, aber gesamthafte Beeinflussung der Gesellschaft wiegt viel schwerer. Nichts zu tun und dadurch den alten und schädlichen menschlichen Instinkten freien Lauf zu gewähren, ist ein garantierter Weg in Richtung Moralvakuum.

Die Moral hat noch einen gewitzten Gegenspieler, der viel zu wenig beachtet wird. Wir sind wahre Meister darin, Ausreden zu finden, um unser Handeln zu rechtfertigen. Selbsttäuschung, um sich einreden zu können, man habe moralisch richtig gehandelt. Fragt man sich, ob es auch rücksichtsvoll ist, wird die Selbsttäuschung rasch entdeckt.

Wollen wir wirklich eine bessere Welt und eine lebenswerte Zukunft schaffen, dann sind neue Regeln für die Wahrung von Moralvorstellungen nötig. Dies gelingt nicht durch Gebote und Verbote, die uns einschränken, sondern durch die Förderung der gemeinsamen rücksichtsvollen Gesinnung. Weil Zensur und Kontrolle keine guten Werkzeuge sind, sollte ein zwangloses, aber gefördertes Bewertungssystem für Spiele, Filme sowie Wahrheitsbewusstsein für Medien und Internetseiten geschaffen werden.

Eine Gesellschaft lässt sich nicht einfach umkrempeln, aber die Zukunft. Durch den richtigen Einfluss auf unsere Kinder haben wir ein Werkzeug, in nur wenigen Generationen die kommende Gesellschaft in eine bessere Welt zu führen. Die Moral unserer Kinder ist von unschätzbarer Wichtigkeit für eine bessere Welt.

Physiologie von Gott

In fast jeder Religion stellt man sich Gott als ein höheres Wesen mit unbeschränkten Möglichkeiten, Macht und Weisheit vor, unabhängig von Zeit, Ort und Materie. Diese Vorstellung entspricht aber auch unserem Wunsch nach der einen, allumfassenden Ordnung im Chaos des Lebens. Diese Ordnung soll für uns dieses Übervaterding darstellen. Anders gesagt, wenn wir nicht bereits unseren Gott in unserer Religion hätten, würden wir ihn vermutlich gedanklich erschaffen. Unsere Vorstellung und Definition von Gott sind davon beeinflusst, was wir gerne hätten. Das ist Grund genug, diese Vorstellung kritisch zu überdenken. Ist Gott «nur» ein Teil des Universums?

Das Universum zeigt uns überall sehr beeindruckend, was alles aus schlichter Einfachheit heraus entstehen kann. Nur aus Energie und physikalischen Gesetzen ist alles Materielle entstanden, was wir kennen. Aus der Einfachheit des ersten Lebewesens heraus ist unsere gesamte Fülle an verschiedenen Tieren und Pflanzen entstanden und aus schlichten Schaltungen heraus sind die gesamte Intelligenz von Gehirnen und alle Computer entstanden.

Die natürliche Organisation von einfachen zu komplexen Strukturen ist im Universum keine Seltenheit, sondern die Regel. Ein Lebewesen gilt als gutes Beispiel für komplexe Strukturen, die allein durch Selektion entstehen können. Eine komplexe Struktur wie zum Beispiel der Mensch ist aber nicht nur ein einzelnes Lebewesen. Genaugenommen ist jede Zelle des Menschen für sich allein lebensfähig, wenn alle Rahmenbedingungen stimmen. Sie kann sich sogar fortpflanzen durch Zellteilung. Das besondere an einem Lebewesen wie dem

Menschen ist die organisierte Symbiose der ganzen Zellen. Unzählig spezialisierte Zellen organisieren sich in der richtigen Position zu einem ganzen Lebewesen, das wiederum symbiotisch für die ganzen Zellen sorgen wird. Die gesamte Organisation und die Spezialisierungen sind im Genstrang enthalten, den wir mit dem blossen Auge nicht einmal sehen können. Das Leben hat wahrlich sehr klein angefangen.

Komplexe Strukturen, wo wir hinsehen … Was und wie viele komplexe Strukturen könnte es noch geben, die wir nicht kennen oder nicht sehen können? Ist Gott vielleicht selbst aus einem einfachen Baumaterial des Universums entstanden? Seit unser Universum entstand, gab es etwas Unzerstörbares. Weder Hitze noch Kälte, Druck oder jegliche Art von Gewalt konnte es auslöschen. Es ist die Energie. Sie kann verschiedene Formen annehmen. Sie kann in der richtigen Form mit Lichtgeschwindigkeit reisen, kann Materie und sogar Raum und Zeit beeinflussen. Ist es nicht zumindest vorstellbar, dass Energie, die es ungleich länger gibt als Leben, auch einen Weg gefunden hat, in eine einfache Ordnung zu einer komplexen Struktur mit Intelligenz heranzuwachsen? Eine Ordnung, die den Weg zu Organisation, dann Richtung Intelligenz und zu Selbstbewusstsein gefunden hat und sich weit darüber hinaus schliesslich zu etwas entwickeln konnte, was wir durchaus als «Übervaterding» bezeichnen können. Dann wäre Gott nicht ganz so unstofflich, hätte einen Anfang und eine eigene Entwicklung.

Könnte Gott auch selbst das Universum sein oder es erschaffen haben? In vielen Religionen kann man sich etwas anderes gar nicht vorstellen. Was genau ist denn das Universum?

Verwenden wir einmal ein paar interessante Gedanken darauf, was genau das Universum ist. Es gibt Raum, es gibt Zeit und es gibt Energie, die den Zustand von Materie haben kann. Was gibt es noch? Die Ordnung, also die Naturgesetze, die beschreiben, wie was zusammenhängt. Wir kennen und verstehen die Naturgesetze. Oder denken dies zumindest, denn eigentlich kennen wir hauptsächlich ihre Wirkungen und ihr Verhalten. Eines scheint jedoch klar zu sein im Universum, alles hängt zusammen und ist voneinander abhängig. So wie Zeit und Raum in der Raumzeit. Eigentlich passt nur eine Gegebenheit nicht so richtig in diese Harmonie von Raum, Zeit und Energie, die Beschränkung auf Lichtgeschwindigkeit. Wieso soll etwas in den Naturgesetzen beschränkt sein, wo man ansonsten immer die zwei Extreme null und Unendlichkeit kennt? Möglicherweise liegt die Lösung darin, das Universum weniger als Ausgangspunkt zu betrachten, sondern mehr als ein Zustand, denn wir betrachten Geschwindigkeit aus unserer Zeitwahrnehmung heraus. Stillstand ist null und die Bewegung kann man durch Masseinheiten wie km/h ausdrücken. Gleichzeitig wissen wir natürlich auch, dass man einen Bezugspunkt braucht, um Bewegung zu erkennen. Wäre also beispielsweise nur ein Raumschiff im Universum und sonst nichts, könnte man nicht feststellen, ob es sich bewegt. Dasselbe gilt aber auch für das gesamte Universum. Es ist alles, was wir sehen können, aber niemand kann ausschliessen, dass es zwei davon gibt. Würden sich die zwei Universen mit beinahe Lichtgeschwindigkeit zueinander oder auseinander bewegen, stünde dies komplett mit unseren physikalischen Erklärungsversuchen in Konflikt. Die Naturgesetze müssten demnach noch grundsätzlicher sein, was auch einfacher bedeutet.

Betrachtet man hingegen die Lichtgeschwindigkeit als Normalzustand, also nicht als unendlich schnell, sondern als null und zeitlos, sieht es etwas anders aus. Als positive statt als negative Geschwindigkeitsmessung würde dann die Reduktion auf Lichtgeschwindigkeit gelten. Die Zusammenhänge von Raum, Zeit und Energie liegen nun alle zwischen null und unendlich. Bei extremer Masse pro Raum wie im schwarzen Loch wird die Zeit unendlich auseinandergezogen. Beim Fast-Erreichen der Nullgeschwindigkeit (Lichtgeschwindigkeit) wird der Raum unendlich auseinandergezogen. Null oder Nichtvorhandensein eines Zustands muss Unendlichkeit eines anderen Zustands bedeuten. Es stellt auch das Verhältnis zwischen Raum, Zeit und Energie ins richtige Rampenlicht, denn so ist null dasselbe Extrem wie Unendlichkeit, ein Zustand, der nie erreicht werden kann. Das Erreichen von null würde das Universum auflösen. Es sagt aber auch, aus nichts kann Raum, Zeit und Energie entstehen. Auf der Erde wie im grössten Teil des Universums herrscht eine einigermassen konstante Reduktion der Lichtgeschwindigkeit. Dies bestimmt den Zusammenhang von Materie/Energie zu Zeit und Raum, also die physikalischen Gesetze. Jede physikalische Kraft resultiert daraus und beschreibt nur einen Gleichgewichtszustand. Gravitation beispielsweise ist nichts anderes als ein durch Masse erzeugtes Verziehen von Raum und Zeit durch massebedingte Zeitreduktion. Die Masse wiederum hängt mit den abgebremsten Geschwindigkeiten der Energiebestandteile im Atom zusammen. Gravitation ist keine eigene Kraft, sondern ein Ergebnis.

Als gutes Beispiel gilt auch ein schwarzes Loch, welches ein Extrem von Masse darstellt, sodass Raum endlos in die Länge gezogen oder eben Zeit extrem gedehnt wird. Das Licht wird nicht durch Gravitation zurückbehalten, sondern es konnte durch die Zeitdehnung oder Raumweitung nur noch nicht die Distanz überwinden. Im schwarzen Loch passiert nichts Besonderes, nur der Blick auf das übrige Universum wäre anders, was man aber nicht beobachten kann. Genauso gut kann unser gesamtes sichtbares Universum nur ein kleiner Teil eines gigantischen schwarzen Loches sein.

Was hat das mit der Physik von Gott zu tun? Nun, jegliche Energie vom Urknall, die sich mit Lichtgeschwindigkeit ausbreitet, ist zeitlos. Sie ist jetzt gerade im Urknall, am jetzigen Rand des Universums, aber auch am zukünftigen Rand des Universums in unendlicher Ferne. Also zeitgleich überall. Genauso müsste man auch die Grösse des Universums definieren. Unser bekanntes Universum ist zeitlos und weitet sich mit Lichtgeschwindigkeit aus, ist selbst sozusagen gleichzeitig erst im Entstehen und bereits in der Unendlichkeit verschwunden. Was wir in vielen Religionen über Gott zu wissen glauben, gleicht diesem Universum. Es ist überall, immer, zeitlos, es beinhaltet alles.

Das Universum ist wie vermutlich auch Gott in den Extremen fiktiv und nur dazwischen realer, etwas nicht wirklich gesamthaft Fassbares. Von unserem Leben aus betrachtet ist Gott bis zu unserem Tode ein Extrem und fiktiver. So ist auf Gott und Universum bezogen Gott vielleicht die Möglichkeit, die Theorie und der Auslöser aus nichts alles machen zu können. Oder anders gesagt wäre Gott das Universum, wäre Gott alles und auch nichts in jedem Augenblick der Zeitlosigkeit.

Was auf der Erde alles geschieht trotz eines Gottes mag für uns manchmal schwierig zu verstehen sein. Aber unser Bestreben richtet sich meist nur nach dieser beschränken Zeit, an diesem beschränkten Ort und nach unserer beschränkten Weisheit. Wir sollten es zumindest akzeptieren, dass es Wichtigeres geben könnte als unser Glück in unserem Leben. Sollte ein Teil von Gott in unserem Bewusstsein verankert sein, wären wir dadurch ein Teil von Gott. Unser Sinn im Leben und Gottes Sinn könnten miteinander verbunden sein. Bei Nahtoderlebnissen wird häufig auch von Zugang zu Allwissen, Zeitreisen und sogar Präkognition, also Zukunftsaussagen, berichtet. Allwissen und Zeitreisen lassen sich mit einer Verbundenheit über Gott zu allen anderen lebenden und gelebten Intelligenzen und Erinnerungen erklären. Wobei das Allwissen beschränkt wäre auf alles vorhandene Wissen. Berichte bei Nahtoderlebnissen über den Wert des Lernens bekräftigen solche Theorien. Wenn man davon ausgeht, dass Allintelligenz und Allwissen wie vielleicht auch Gott nicht schon immer da waren und sie einen Anfang hatten, ist der Sinn von Lernen und Wissensfortschritt auch einer von Gottes Bestreben.

Präkognition würde überspitzt bedeuten, dass alles vorherbestimmt ist und ähnlich wie bei einer Wiederholung Anfang, Ablauf und Ende bereits bekannt sind. Dies ist kaum nachvollziehbar, denn es stellt den Sinn und Zweck des einzelnen Lebens sowie des Ganzen infrage. Weshalb soll etwas geschehen, das im Grunde bereits vorherbestimmt ist zu geschehen? Wenn man hingegen wie beim Universum die Zeitlosigkeit miteinbezieht, hat die gesamte Zeit ihre Berechtigung und füllt erst die Zeitlosigkeit. Bei paranormalen Untersuchungen sind manche Ereignisse erstaunlich, auch wenn sie sich wissenschaftlich nicht fassbar beweisen lassen. Sollte es so etwas wie Telepathie und Telekinese geben (womit alle weiteren Phänomene erklärbar sind), wäre ein Erklärungsversuch für solche paranormalen Ereignisse der Teil in uns, der zu Gott gehört. Dieser Gottesteil in uns wäre nicht nur eine Verbindung zu Gott, sondern über Gott auch zu jedem anderen Gottesteil, jedem weiteren Bewusstsein. Offensichtlich fehlt aber der direkte kommunikative Zugang, sonst wäre ein Beweis wohl eine Kleinigkeit. Dieser Zugang scheint, solange wir leben, über einen Teil unseres Unbewussten zu erfolgen. Die Verbindung ist eher indirekt und so zu verstehen, als bräuchte es einen Übersetzer einer fremden Sprache. Die Interpretation übernimmt das Unbewusste aber leider mit seiner gesamten Kreativität und Fantasie. Paranormale Erlebnisse unterliegen der Einmischung fantasievoller Interpretationen. Das macht sie schwammig, persönlich beeinflusst und ungreifbar.

Bei einer Nahtoderfahrung könnte die vorerst direkt erfahrene Verbindung nachträglich durch das Gehirn verzerrt werden, weil danach die Interpretation der Erinnerung wieder über das Gehirn funktioniert. Erinnerungen an Gefühle hingegen bedürfen nicht einer logischen Interpretation. Man erinnert sich vermutlich direkt an Gefühle.

Es ist sehr schwierig, vernünftige Theorien aufzustellen über Gott. Tatsächlich haben wir fast keine brauchbaren Informationen. Ist das aber wirklich so wichtig, um den Sinn des Lebens zu finden?

Bewusstseinsdualität?

Ein heikles Thema. Betrachtet man die Uneindeutigkeit des weltlichen Bewusstseins und unser von Instinkten behaftete Ich-Empfinden fragt man sich, was man denn wirklich ist und was davon nach unserem Leben noch Bestand hat. Unsere Instinkte, die unserer Gefühle bilden, stammen eindeutig von unseren Genen und unserem Gehirn ab, und doch machen sie einen Grossteil unserer Persönlichkeit aus und sogar die Art und Weise, wie wir uns selbst empfinden. Unser geistiges Bewusstsein scheint auch bereits im Leben ein Teil von uns zu sein, obwohl es vom Gehirn übertönt wird.

Gibt es denn wirklich zwei Quellen für unser Bewusstsein? Unser menschliches Gehirn und unser göttlicher Teil miteinander im Bewusstsein? Das ist schwer vorstellbar. Müssten wir so etwas nicht spüren? Von den Nahtoderlebnissen wissen wir immerhin, dass man sich selbst nicht als verändert wahrnimmt, ausser körperlich natürlich. Man hat auch noch Gefühle und Eigenschaften wie Zuneigung, Liebe, ein Bedauern und Wertvorstellungen. Jedenfalls gibt es keine Berichte, dass sich jemand kaum selbst erkannt hätte.

Dass unser Bewusstsein im Leben aus zwei verschiedenen Quellen stammen soll, scheint uns paradox, aber stammen unsere Gene, die all unser weltliches Sein vorherbestimmen, nicht auch aus zwei Quellen? Da dies für die Sinnsuche nicht wirklich wichtig ist, lassen wir es als eine mögliche Theorie im Raum stehen.

Spiritualität

Woher kommt denn unser Hang zu Spiritualität? Es scheint so zu sein, dass nur der Mensch nach dieser Bedeutung des Höheren sucht. Schon bei frühesten Hinterlassenschaften menschlicher Zivilisationen trifft man auf Kultstätten spirituellen Charakters. Spürte man schon immer diese Verbindung zu einem Gott? Nun, Verstand will verstehen.

Mit dem Aufkommen von Intelligenz wurde die Komplexität und Raffinesse der Natur überhaupt erst erkannt. Etwas nicht zu verstehen, versetzt einen in Erstaunen und man ist gezwungen, weiter weg von der Logik nach Antworten zu suchen. Was wir nicht verstehen, muss von etwas Höherem kommen, das es versteht und es erschaffen hat. In unserer aufgeklärten Zeit hat die Forschung und Wissenschaft viele Fragen beantwortet. Weltliche Dinge, die wir nicht verstehen, ordnen wir nicht mehr einem höheren Wesen zu. Spiritualität wurde durch Wissen immer mehr in die Ecke gedrängt.

Spiritualität hat auch seit seinen Anfängen die Verbindung zum Tod und dem «Danach». Ein Gebiet, das wissenschaftlich schwer erforschbar ist. Über den Tod nachzudenken erstaunt nicht, wenn Bewusstsein vorhanden ist. Bei Selbstbewusstsein ist die Situation noch verzwickter. Das ist etwas, was sich selbst und seine Eigenarten erkennt und darüber nachdenken kann. Den Tod als Auslöschung des Ichs zu erfahren ist schockierend. Man erkennt, dass nicht nur ein Lebewesen von vielen verschwindet, sondern dass für dieses Lebewesen das ganze Universum verschwindet. Ein grosser Teil unserer Spiritualität gründet in der Angst, sich selbst zu verlieren.

Einst war Wissenssuche und Religion nicht zu trennen. Heute scheinen sie schon fast ein Gegensatz zu sein. Entweder man glaubt an Gott oder man sieht die Welt mit der nüchternen Faktenbasiertheit der Wissenschaft.

Was bleibt, ist eine unbefriedigende, geknickte Spiritualität. Trotz Wissenschaft und trotz Religionen bleiben die Fragen unbeantwortet und die Suche nach Spiritualität und Bedeutung bleibt bestehen. Eine Suche, getrieben von der Furcht der eigenen Wertlosigkeit und Bedeutungslosigkeit.

Und wie das so ist, wo ein Bedürfnis vorhanden ist, lässt sich damit der Geldbeutel füllen. Viele selbst ernannte Propheten werben mit zurechtgeformten Nebenwahrheiten um Gunst und Geld der Suchenden. Früher wurden Kirlianbilder manipuliert, Geister heraufbeschwört, Magie wahrgedeutet und Placeboeffekte mit viel Geschick umgedeutet. Heute ist das nicht besser. Wissenschaftlich hält kaum etwas einer Untersuchung oder Neuinterpretation stand. Gerne nutzt man aber auch wissenschaftliche Erkenntnisse, die nicht so richtig verstanden werden, als Beweise, wie Schwingungen oder Quantenphysik. Machen wir uns nichts vor, gäbe es Geistererscheinungen, Teufel und Dämonen sowie Engel, Feen und fassbare Wunder, wären sie wissenschaftlich sehr interessant und man hätte sie längst erforscht und bewiesen. Spiritualität zu achten ist eine Sache, aber sie leben zu wollen durch Ausübung komischer Rituale? Wenn es um Mitgefühl und bindende Liebe geht, ist die Ausübung von Spiritualität nicht fördernd. Sie grenzt nur Nichtgläubige aus. Spiritualität ist eher die richtige Einstellung im Leben zu finden und danach zu leben, als strenge, nutzlose Rituale auszuüben.

Oft leben Menschen mit Nahtoderlebnissen Spiritualität radikal anders als vorher. Religiöse Deutungen verlieren an Bedeutung, obwohl die spirituelle Neigung zunimmt. Vielleicht ist dies das genaueste Wissen über Spiritualität, das wir je erlangten. Es geht nicht um Deutungen, es geht um Rücksicht und Liebe.

Der Sinn des Lebens

Man kann den Sinn des Lebens nicht deuten, ohne zu wissen, ob es ein Jenseits gibt. Über dieses Wissen verfügen wir leider nicht mit einer eindeutigen Klarheit.

Religionen gehen davon aus, dass der Tod nicht das Ende ist und damit verbunden, dass ein rücksichtsvolles oder sogar aufopferndes Leben nicht nur der Gesellschaft, sondern auch der eigenen Seele nützt. Viel Schlechtes und viel Leid geschieht auf dieser Welt. Oft trifft das Schicksal die Ärmsten, Unschuldigsten und Schwächsten von uns. So mancher verliert dann seine Verbundenheit mit einer Ordnung und Gerechtigkeit, die über diesem Leben stehen soll. Selbst die Natur ist trotz ihrer ganzen Schönheit und Pracht ein Schauplatz von rücksichtslosem Kampf. Sogar wir selbst, eine edle Schöpfung aus Gottes Hand, haben nicht die geringste Chance, uns nicht von anderem Leben zu ernähren. Manchmal fühlen wir uns vom Schicksal oder von Gott auf den richtigen Weg gebracht. Manchmal erbitten wir Hilfe oder Weisung und es geschieht nichts. Aber überschätzen wir nicht unsere Auffassung von Ordnung, wenn wir die weltliche Ordnung der göttlichen gleichstellen? Wir wissen nicht, wie die Ordnung und der Zweck im Jenseits aussehen. Trotzdem könnte alles seinen Plan und seine Richtigkeit haben, einen Zweck erfüllen. Die Nahtoderlebnisse sind die einzigen beachtenswerten Hinweise auf einen Sinn im Leben. Mehr kriegen wir nicht, vielleicht soll das genau so sein.

Welche Schlussfolgerungen können wir aus den Nahtoderlebnissen mit Vorsicht ziehen? Bindungen, Lernen und Erfahrungen, Opferbereitschaft und Liebe, Güte und Sanftheit,

Rücksicht und Verantwortung sind wertvoll. Die einzelne Seele ist wertvoll. Dass wir auch im Leben diese Wertvorstellungen haben, sie aber von störenden Instinkten bekämpft werden, könnte ein Hinweis auf den Sinn des Lebens sein. Man muss etwas schätzen lernen, um es als wertvoll anzuerkennen. In jedem von uns stecken diese guten und die schlechten Tugenden. Wir sind Täter und Opfer, oft auch Opfer unserer selbst.

Diese kurze, holprige Zeit unseres Lebens ist alles, was wir haben. Wenn aber unser Bewusstsein den Tod überdauert, dann ist im Vergleich die «Lebensspanne» unseres Geistes ungleich länger. Vielleicht bedeutet für uns dieser kurze Augenblick nur zu viel. Wir kennen ja nichts anderes. Ist denn unser Bewusstsein, unser Geist auch wirklich mit unserer Geburt entstanden? Macht das Sinn, die Entstehung eines überdauernden Geistes, geboren durch einen sterblichen, weltlichen Körper? Da ist also dieser kurze Augenblick, unser Leben, in dem unser Geist etwas lernen kann. Dies kann nur etwas sein, das wichtig und wertvoll ist im Jenseits. Weshalb lernt man es nicht im Jenseits? Was macht das Leben für den Geist so wertvoll? Ist es vielleicht die Distanz? Haben wir nicht alle schon oft erfahren, dass es eine gewisse Distanz benötigt, etwas richtig bewerten zu können? Falls unser Bewusstsein bereits vor unserer Geburt existierte, muss es wichtig sein, dass wir zu diesen Erinnerungen keinen Zugang haben. Würde es auch funktionieren, wenn wir die Erinnerung hätten? Könnten wir diesen täglichen Kampf mit unseren primitiven Instinkten überhaupt aushalten und noch etwas dabei lernen? Die Liebe und Verbundenheit des Jenseits zu vermissen, wie wir das im Grunde alle tun oder aber die Konsequenzen zu erleben, wenn es fehlt, das sind vermutlich zwei unterschiedliche Erfahrungen. Möglicherweise haben wir selbst entschieden, für eine Zeit zu vergessen und diesen Weg gewählt, unseren Geist zu erhellen, um ihn wachsen zu lassen. Das muss dann auch Gottes bestreben sein. Wenn unsere Seele ein kleiner Teil von Gott ist, dann ist Gott die Gemeinschaft aller Seelen mit demselben Ziel, heller zu werden. Dabei stelle ich mir gerne vor, dass Gott, als Gesamtheit aller Seelen zu verstehen, im Zentrum am hellsten ist und alles bestrebt ist, mit mehr eigenem Licht ins Zentrum zu wandern, zu Gott. Es wäre vorstellbar, dass es unzählige Möglichkeiten gibt, heller zu werden. Ein Leben auf der Erde könnte nur eine einzelne Möglichkeit sein. Liebe ist, was Gott zusammenhält, Wert gibt und ein Bestreben, ein Ziel und einen Sinn ergibt.

Hier liegen unser Kampf, unsere Entscheidung und unsere Verantwortung! Wenn wir auf den geistigen Teil in uns achten, kann nur eine Erde ähnlich dem Jenseits ein guter Planet sein. Hören wir hingegen zu sehr auf unsere primitiven Instinkte, dann entscheiden wir uns für weltliches Glück und Gewinn. Darauf achten, niemandem unnötig zu schaden, sogar sich selbst nicht, denn nur ein gesundes und starkes Licht kann anderen den Weg erleuchten. Eine grosse Hürde, das Richtige zu tun, liegt bei unseren Ausreden und kleinen Selbstbetrügereien. Unser Unbewusstes kreiert diese überzeugend und fantasievoll, um es uns bequemer zu machen, mit unserem Gewissen zu leben. Dies ist der wahre Teufel in uns, den wir enttarnen müssen.

Die Suche nach dem Sinn des Lebens? Immerhin zeigen uns die Nahtoderlebnisse, dass es noch mehr gibt. Wir werden durch unseren Tod ein Teil dieses Jenseits. Eine andere Welt mit einer klareren Werteordnung. Das wertvollste ist wohl Liebe. Als Mensch kennt man die Stärke dieses Gefühls. Aus der Perspektive der Evolution ist dieses Gefühl ein

Überlebensvorteil. Es sichert das Zusammenbleiben in Partnerschaft, Familie und Gruppe, nützt so hauptsächlich der Nachkommenschaft, aber auch der Gruppenordnung und dem friedlichen Zusammenleben. Klingt das zu funktional? Erkennen wir in diesem Gefühl mehr Wert als den schlichten Nutzen?

Unsere Bemühungen und Entscheidungen in unserem Leben werden in den Nahtoderlebnissen nach der Liebe bewertet, die wir bereit waren zu schenken. Die Bedeutung für jeden Einzelnen ist individuell und kann nicht pauschalisiert werden. Im Grossen und Ganzen ist der menschliche Verstand mit seinem Gewissen fähig, trotz Instinkt, Trieben und weltlicher Glückssuche erkennen zu können, was richtig und gut ist und was nicht. Nicht grosse Taten vollbracht zu haben, sondern sich bemüht zu haben, auf die Gefühle unserer Mitmenschen geachtet zu haben, schlägt Wellen. Mitgefühl, Rücksicht und Liebe tragen sich weiter. Egoismus, Hass und Gewalt tragen sich ebenfalls weiter. Was wir leben, verbreiten wir. Bewusst entscheidet sich kaum einer schlecht und böse zu sein. Erstaunlich ist, wie viel Leid und Unterdrückung trotzdem herrschen.

Das Leben bietet so viel Schönheit und Genuss und wirkt wie ein Auftanken im täglichen Lebenskampf. Vieles wird völlig kostenlos von der Natur geboten. Dies nicht zu schätzen ist schon schlimm genug, es zu zerstören bedeutet, unseren Planeten für unsere Kinder zu verderben. Achtsamkeit und Verantwortung ist wichtig, da sich etwas auch nur schleichend und unbemerkt verändern kann. Manche Kipppunkte der Natur können erreicht werden, noch bevor es so aussieht, als sei es letzte Zeit etwas zu tun. Wegschauen, nur Zuschauen und nichts zu tun oder zu denken, es sei die Aufgabe von anderen bedeutet heute die Verantwortung abzulehnen. Wegschauen nützt unseren Kindern nichts. Es sind unsere Gewohnheiten, die schleichende Veränderungen auslösen, nichts anderes und niemand anderes. Das Problem ist nicht das Verschwinden der Menschheit, sondern die schreckliche Zeit, bis es so weit ist. Unser Hang zu Fanatismus und die Suche nach Glücksmomenten treibt uns beispielsweise dazu, immer mehr zu arbeiten, obwohl die westliche Produktivität es uns erlauben würde, nur noch einen Bruchteil der Zeit mit Arbeit zu verbringen. Dies ist in etwa zu vergleichen mit Bergsteigern, die auf dem Gipfel des Mount Everest überlegen, den Berg aufzuschütten. Wir vergiften und plündern einen Ort, den wir nicht verlassen können. Wir zerstören Schönheit und vertreiben Harmonie und Gelassenheit durch Lärm und Brustgetrommel. Unsere Sucht nach Glück wird zusätzlich getrieben durch Unzufriedenheit, Mangel an Selbstbestimmung und Zeitknappheit. Wir verbrauchen Glücksmomente bereits als reine Kompensation, weil wir uns nicht mehr wohl fühlen. Dabei ist Zufriedenheit kein Zustand, es ist eine Philosophie. Die grossen Freuden wie Glück sind unwichtig, nur Beigemenge. Die wahren Freuden sind die kleinen und kleinsten eigenen Freuden.

Wir denken Spiritualität zu leben oder danach zu suchen sei erstrebenswert. Frömmigkeit und Gebete mögen eine Opferbereitschaft und einen guten Willen beweisen, aber ohne Taten im Leben sind das nur Hüllen ohne Inhalt. Schon immer sahen Menschen das Opfern als einen Weg, mit dem Jenseits ins Reine zu kommen. So manche Opfertiere und sogar Menschen wurden sinnlos geopfert. Es gibt nur eine einzige richtige Art zu opfern. Das Opfer nicht deswegen zu lieben, sondern trotzdem.